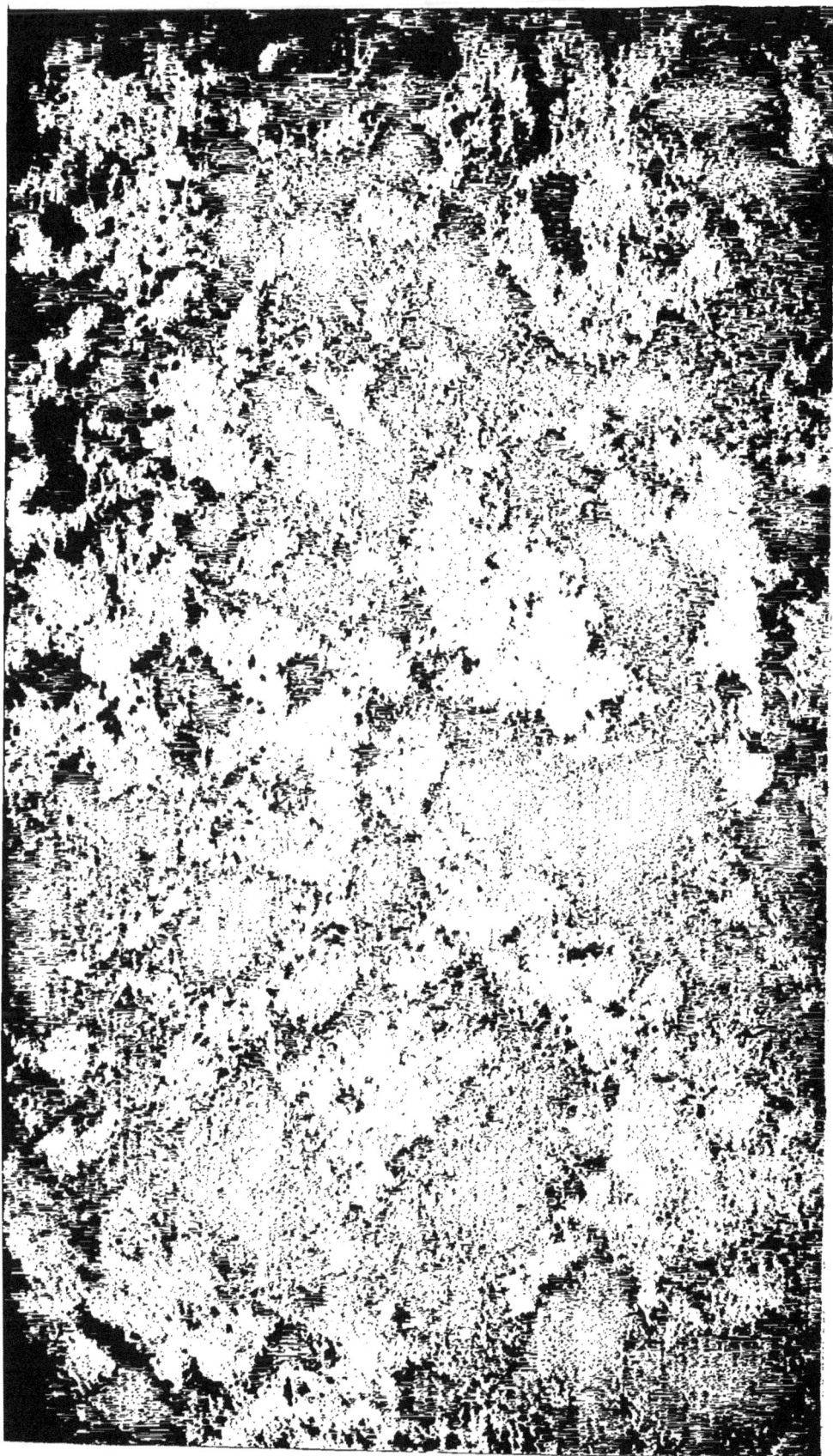

E. MARTIN REL.

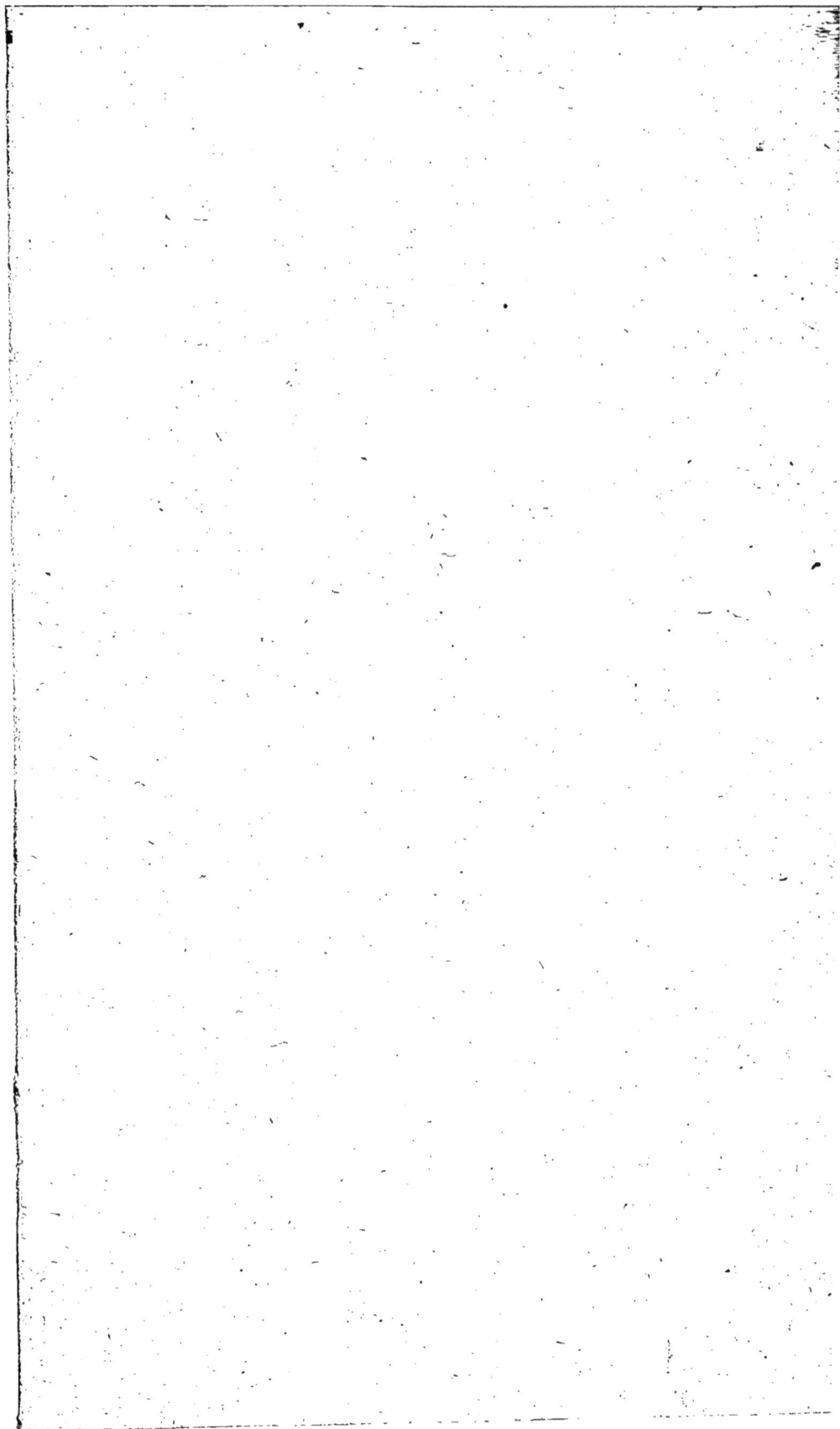

VAUQUELIN

PAR

FR. JOUBERT

TOURS

ALFRED MAME ET FILS, ÉDITEURS

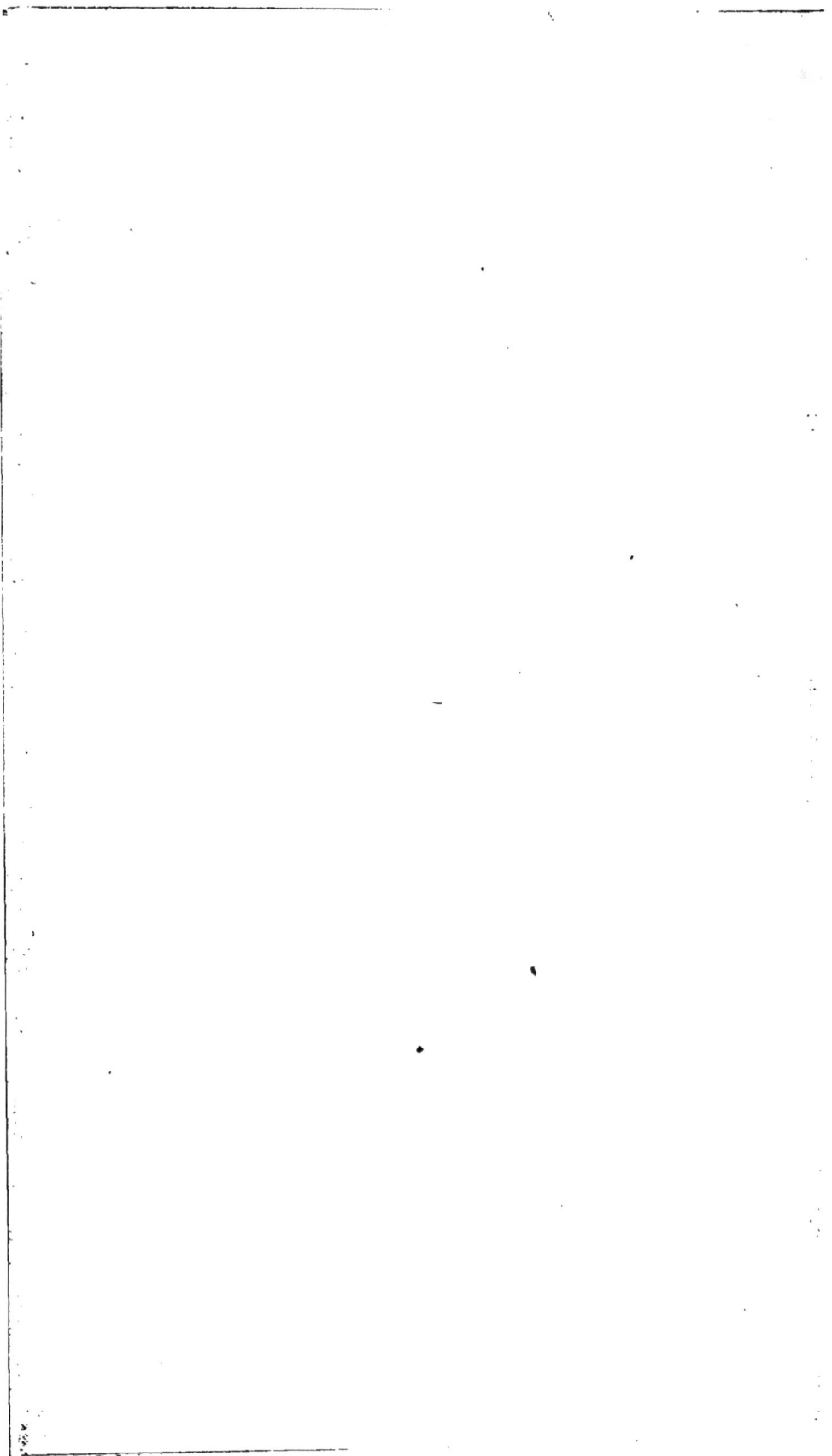

BIBLIOTHÈQUE

DE LA

JEUNESSE CHRÉTIENNE

APPROUVÉE

PAR Mgr L'ARCHEVÊQUE DE TOURS

SÉRIE PETIT IN-8°

Vauquelin sauve un garde suisse.

VAUQUELIN

PAR

Fr. JOUBERT

TOURS

ALFRED MAME ET FILS, ÉDITEURS

M DCCC LXIX

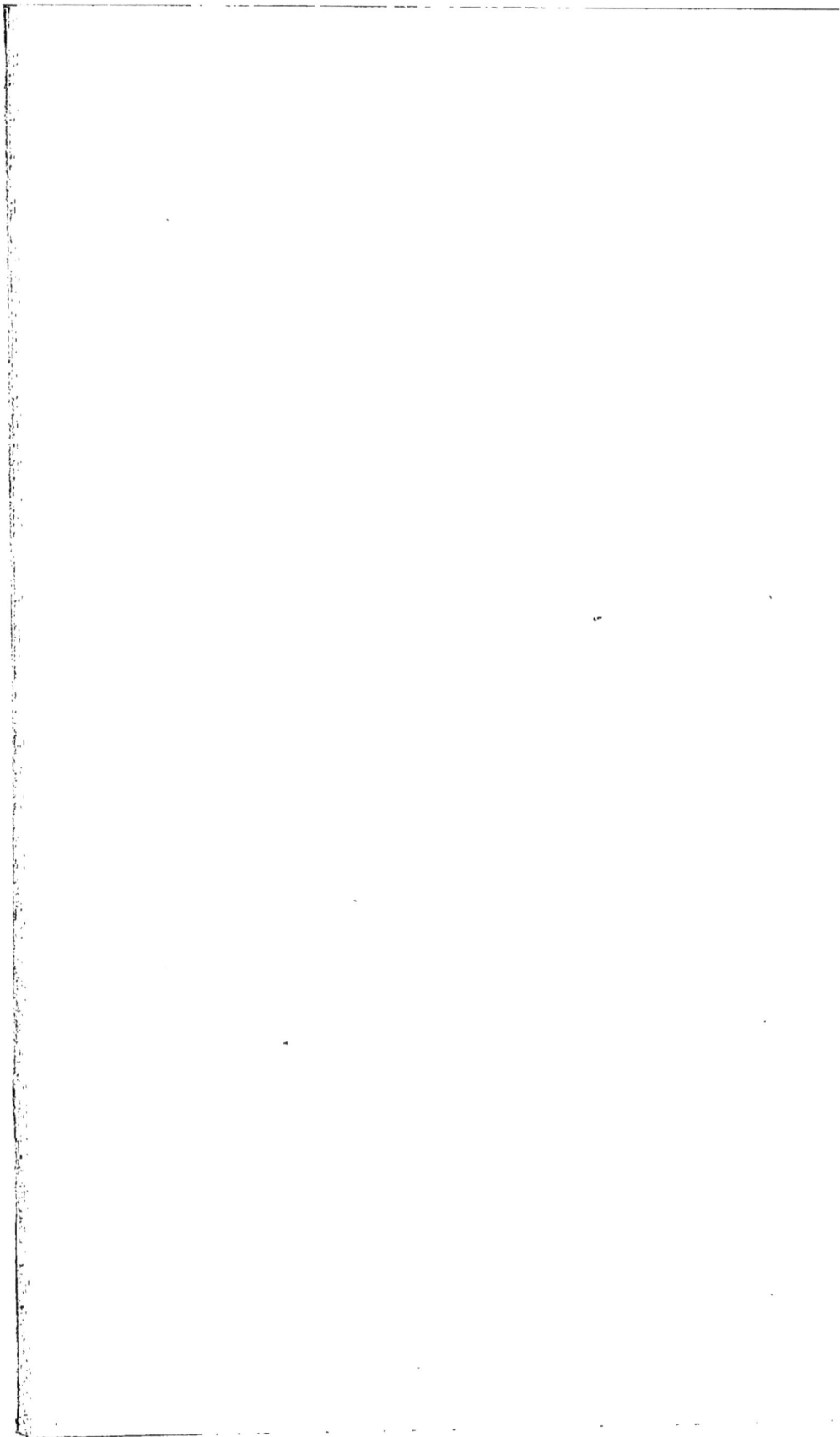

VAUQUELIN

CHAPITRE 1

Le curé et le maître d'école.

Saint-André-d'Hébertot est un petit village de Normandie, à sept ou huit kilomètres de Pont-l'Évêque, et dans le voisinage du château d'Hébertot, qui appartenait avant la révolution à la famille d'Aguesseau. Un petit-fils de l'illustre chancelier avait établi à Saint-André une école primaire pour instruire les enfants de ce village et des hameaux voisins dépendant de la seigneurie d'Hébertot. Cet établissement, placé sous la surveillance du curé de la paroisse, était, en outre, visité

fréquemment par les châtelains d'Hébertot,
quand ils habitaient cette résidence.

A l'époque où commence notre histoire,
c'est-à-dire dans les premiers mois de l'année 1777, l'école de Saint-André était tenue
par un instituteur nommé Vatel, homme assez
instruit, mais d'une grande sévérité, et qui
regardait la férule comme le moyen le plus
efficace d'inculquer la science à ses élèves. Le
bon curé d'Hébertot avait souvent avec lui
des discussions à ce sujet.

« Ne pourriez-vous pas, maître Vatel, lui
dit-il un jour, essayer de moyens moins rudes
que ceux que vous employez pour forcer vos
écoliers à apprendre leurs leçons? Je comprends que vous usiez de rigueur pour punir
des actes d'indiscipline, des mensonges capables de porter préjudice, des habitudes vi-
cieuses et d'autres fautes graves; mais punir
un enfant parce qu'il a manqué de mémoire,
n'est-ce pas comme si vous le punissiez parce
qu'il a la vue basse ou l'oreille dure? car la
mémoire est une faculté que nous ne possédons pas tous au même degré, pas plus que la
faculté de voir et d'entendre.

— Pardon, monsieur le curé, répondit le
maître d'école, si je me permets de ne pas
trouver votre comparaison parfaitement juste.
La faiblesse de la vue ou la dureté de l'ouïe
proviennent ordinairement d'un défaut orga-
nique, ou sont quelquefois l'effet d'une maladie ou d'un accident; il est évident qu'il ne
dépend pas de notre volonté de pouvoir corriger une pareille défectuosité, et ce serait une
injustice révoltante de punir quelqu'un pour
un fait, ou plutôt pour une infirmité, dont il
ne saurait être responsable. Il n'en est pas de
même de la mémoire. Sans doute nous ne
possédons pas tous cette faculté au même degré; mais il dépend de la volonté de tous de
la développer et de la perfectionner par un
exercice soutenu et une application sérieuse.
Malheureusement, l'incurie, la légèreté, la
paresse, empêchent trop souvent cette application nécessaire, surtout chez les enfants;
alors il est indispensable de les exciter d'abord
par des paroles d'encouragement, puis, si elles
sont insuffisantes, de recourir aux réprimandes
plus ou moins sévères, et enfin d'employer,
comme dernier argument, un stimulant plus

1*

énergique, et qui manque rarement son effet.

— Oui ; mais ce stimulant énergique, comme
vous l'appelez, reprit en souriant le curé,
vous en faites, il me semble, un usage par
trop fréquent. Moi qui connais un peu les enfants et la manière de les élever, je doute que
votre moyen ait autant d'efficacité que vous
lui en attribuez.

— Oh! monsieur le curé, vous avez sans
doute bien plus d'instruction et d'expérience
que moi ; mais, permettez-moi de vous le dire,
vous n'êtes pas de ce pays, vous ne l'habitez
que depuis peu de temps, et vous ne connaissez
pas encore les enfants normands. Ils sont, sans
comparaison, comme la terre de cette con-
trée : elle est naturellement fertile ; mais pourtant elle ne donne d'abondantes récoltes qu'à
force d'être bien labourée, bien piochée, bien
tourmentée par le soc et le hoyau.

— Je vous comprends, mon cher maître,
reprit le curé toujours souriant ; mais permettez-moi à mon tour de trouver que votre
comparaison manque de justesse. Sans entrer
à ce sujet dans une discussion qui nous mène-
rait trop loin, je vous dirai que depuis deux

ans que j'administre cette paroisse, j'ai eu
occasion de donner l'instruction religieuse à
un assez grand nombre d'enfants des deux
sexes, et j'y suis parvenu d'une manière
satisfaisante, sans jamais avoir eu besoin de
recourir à ces stimulants énergiques, comme
vous appelez les corrections corporelles.

— Ce n'est pas étonnant, monsieur le curé,
et cela pour deux raisons : la première, c'est
que ces enfants étaient préparés dans nos
classes, dans celle de l'institutrice et dans la
mienne, à une discipline sévère : c'était une
terre bien amendée, où le semeur pouvait être
sûr que le grain qu'il y jetterait germerait
promptement et donnerait un bon produit. »

Cette autre comparaison agricole, où il entrait passablement d'amour-propre de la part
du magister, fit de nouveau sourire le curé,
qui lui dit avec une bonté où se mêlait peut-
être une légère pointe d'ironie : « Je suis loin,
mon cher maître, de méconnaître ce que je
dois à votre collaboration, et vous pouvez être
assuré que je l'apprécie à toute sa valeur. Cette
raison du succès que j'ai obtenu me paraît
même si bonne, que je ne vois pas qu'il y en

ait une seconde, quoique vous m'en ayez annoncé deux.

— L'autre raison, monsieur le curé, reprit le maître d'école avec une certaine emphase, c'est que vous avez sur moi, pour commander le respect et l'obéissance des enfants, un avantage qu'il ne m'est pas donné de posséder : c'est votre caractère de prêtre et de pasteur de la paroisse, caractère sacré, rayonnant autour de vous comme une auréole, qui impose à tous, et surtout aux enfants, la vénération et la soumission.

— J'admets que la dignité sacerdotale dont je suis revêtu contribue beaucoup à l'influence que j'exerce sur les enfants, reprit le curé d'un ton grave; mais les fonctions que vous remplissez, mon cher maître, sont aussi une espèce de sacerdoce; car, auprès des enfants dont l'éducation vous est confiée, vous représentez le père de famille, qui vous a délégué une partie de l'autorité qu'il tient de Dieu lui-même. A ce titre, vous devez exercer cette autorité avec une modération et une bonté toutes paternelles; vous devez éviter les corrections trop fréquentes, car les enfants finissent par s'y habituer, et elles ne produisent plus d'effet. Il vaut mieux, comme l'a dit un célèbre moraliste du siècle dernier (1), dissimuler quelques défauts que de rendre la correction trop fréquente. Il faut surtout, et ceci, permettez-moi de vous le dire entre nous, persuadé que vous prendrez en bonne part ce conseil d'un homme qui vous estime et qui vous veut du bien, il faut, dis-je, éviter avec soin de punir à la suite d'un mouvement d'impatience, qui peut ressembler à de l'emportement ou à de la colère. « Châtier étant en colère, a dit un autre moraliste, ce n'est pas correction, c'est vengeance (2). »

— Je conviens, reprit Vatel d'un air contrit, que parfois je me laisse aller à des mouvements d'impatience dont je ne suis pas le maître ; mais il faut avouer aussi qu'il faudrait la vertu des anges ou la vôtre, monsieur le curé, pour se contenir en présence de petits diablotins comme la plupart de mes écoliers, qui ne songent qu'à me faire enrager. Cependant, loin de prendre en mauvaise part le

(1) Nicole.
(2) Montaigne.

conseil charitable que vous me donnez, soyez
assuré, Monsieur, que j'en tiendrai bon compte,
et que je ferai tous mes efforts pour le mettre
à profit à l'occasion.

— Je n'en doute pas, mon cher maître,
reprit le curé avec bienveillance; et en ce cas
n'en parlons plus. D'ailleurs, j'étais venu pour
vous entretenir d'un tout autre sujet; mais
j'ai rencontré sur mon chemin un de vos élèves
qui sanglotait et se plaignait d'avoir les mains
meurtries de coups de férule pour n'avoir pas
su sa leçon, et c'est ce qui m'a fait, en arri-
vant, entamer le chapitre des corrections.

— Ah! c'était sans doute le petit Jérôme
Oudaille. Si vous saviez, monsieur le curé, à
quel point ce mauvais drôle est insolent et
paresseux...

— Oh! je ne veux pas le savoir, ou plutôt
je ne le sais que trop, interrompit le curé
en souriant; mais laissons là votre Jérôme
Oudaille, et parlons d'un écolier à qui vous
n'avez pas sans doute à adresser les mêmes
reproches : c'est de Louis-Nicolas Vauquelin
que je veux vous entretenir. Quelle est votre
opinion sur cet enfant?

— Nicolas Vauquelin! mais c'est la perle des écoliers. Ah! monsieur le curé, si l'on n'avait dans une classe que des élèves comme lui, la profession d'instituteur serait le plus agréable de tous les métiers, et l'on n'aurait presque jamais besoin d'user de la férule.

— Pourquoi ce *presque?* dit en souriant le curé; il me semble qu'avec des élèves comme le petit Vauquelin on ne devrait jamais employer ce mode de correction.

— C'est toujours un *tantinet* nécessaire, même avec les meilleurs élèves. Ainsi, voilà Nicolas Vauquelin, dans les premiers temps qu'il fréquentait mon école, il y a quatre ans, il ne connaissait ni *a* ni *b,* et avec cela il était d'une étourderie telle, qu'il ne pouvait fixer son attention sur rien, et qu'il n'écoutait jamais que d'un air distrait ce qu'on lui disait; eh bien! par deux ou trois fois seulement, je l'ai rappelé à l'ordre au moyen de quelques férules; cela a suffi. Dès lors il s'est appliqué, il a écouté les leçons avec attention, et avant la fin de l'hiver il lisait couramment et commençait même à écrire passablement en gros. L'hiver suivant, car il allait pendant l'été avec son

père et ses frères travailler dans les champs,
je fus tout surpris, quand il revint à l'école,
de voir que loin de ressembler aux autres petits
paysans, qui oublient pendant la belle saison
presque tout ce qu'ils ont appris pendant les
mois de classe, lui, au contraire, lisait et
écrivait beaucoup mieux que quand il avait
quitté l'école. Sa mère m'expliqua ce phéno-
mène, en me disant qu'il emportait toujours
un livre avec lui quand il allait sarcler dans
les champs, seul travail auquel on l'employait
en raison de son jeune âge et de sa nature un
peu chétive. Quand il avait fini sa tâche et
que venait l'heure de se reposer, lui, au lieu
de s'étendre et de dormir à l'ombre comme
les autres, il passait tout ce temps-là à lire.
Je reconnus bientôt que la mère Vauquelin
m'avait dit l'exacte vérité, et que son fils était
rempli de bonne volonté et du plus ardent
désir de s'instruire. Je cultivai ces heureuses
dispositions avec le plus grand soin, et l'enfant y répondit si bien, qu'à la fin de sa seconde
année scolaire, il était le premier élève de
toute ma classe, et surpassait ceux qui avaient
deux à trois ans d'école de plus que lui. C'est

vers ce temps-là, monsieur le curé, que vous
êtes arrivé dans cette paroisse, et que vous
avez commencé par préparer les enfants qui
étaient en âge à faire leur première communion. Nicolas Vauquelin était du nombre, et
vous avez pu juger vous-même de sa capacité
et de son instruction.

— Et j'ai jugé comme vous, mon cher
maître, que cet enfant était doué de dispositions exceptionnelles. Jamais je n'ai trouvé sa
mémoire en défaut dans la récitation du caté-
chisme, et non-seulement il retenait avec une
extrême facilité toutes les explications qu'il
m'entendait faire sur le texte, mais la manière
dont il les reproduisait faisait voir qu'il avait
parfaitement compris mes pensées. Ajoutons
à cela qu'à mesure que son instruction religieuse augmentait, sa piété croissait dans une
même proportion, de sorte que l'on peut affirmer qu'il a fait sa première communion dans
d'excellentes dispositions ; aussi j'espère qu'il
conservera longtemps les grâces que Dieu lui
a accordées dans ce grand jour. Du reste, vous
avez dû vous en apercevoir vous-même, mon
cher maître ; car il est retourné depuis à votre

école, et il paraît que ses progrès se sont constamment soutenus.

— Si bien soutenus, monsieur le curé, qu'il en sait maintenant autant que moi, et que je ne suis plus capable de lui rien enseigner. Aussi, je me dis bien souvent en moi-même : Quel dommage qu'il n'y ait pas ici près un collége où il puisse étudier, ou que ses parents ne soient pas assez riches pour l'envoyer au collége de Caen ou au séminaire de Bayeux ! Ce serait un jour, j'en suis certain, un sujet qui ferait honneur à ses maîtres, et qui réussirait n'importe dans quelle carrière où il voudrait entrer.

— C'est possible ; mais cela ne peut être, puisque, comme vous le dites fort bien, nous n'avons pas de collége à Saint-André-d'Hébertot, et que ses parents, qui ont bien de la peine à gagner leur vie en travaillant, ne sont pas en état de payer la pension de leur fils au collége.

— Ah ! Monsieur, combien je regrette d'être pauvre moi-même ! Vous me croirez si vous voulez, mais si j'étais riche, je ne dirai pas comme M. d'Aguesseau, mais seulement comme

le moindre de ses fermiers, je n'hésiterais pas
à avancer tout l'argent nécessaire pour donner
à ce jeune homme une instruction et une éducation complètes.

— Je vous crois parfaitement, mon cher
maître; car je suis convaincu que si vous avez
parfois la main un peu... lourde, vous avez le
cœur excellent.

—Merci, monsieur le curé; mais, tenez, il
me vient une idée. Vous qui avez votre entrée
à toute heure au château, et qui jouissez de la
confiance de M. et de Mme d'Aguesseau, ne
pourriez-vous pas leur toucher deux mots à
ce sujet? Ils connaissent le père Vauquelin,
ils savent combien il est laborieux et honnête,
puisqu'ils l'ont choisi dernièrement pour diriger certains travaux de culture qu'ils font
exécuter dans leur parc et dans le voisinage
du château; d'ailleurs, tous les fermiers de
leurs domaines, qui depuis longues années
l'emploient comme cultivateur, seraient prêts
au besoin à rendre témoignage en sa faveur;
eh bien! si vous leur parliez de Nicolas, de
son intelligence, de son amour du travail, du
désir qu'il a de s'instruire, pensez-vous qu'ils

ne seraient pas disposés à faire pour lui quelques sacrifices pour le placer au collége et lui faire faire des études complètes?

— Mon cher Vatel, j'ai eu la même idée que vous, et j'ai déjà sondé le terrain à cet égard; mais il n'y a rien à espérer de ce côté.

— Vous m'étonnez, Monsieur; nos châtelains sont pourtant généreux, et ne refusent jamais de contribuer de leur bourse à l'instruction et à l'éducation de la jeunesse pauvre; à preuve, cette école que M. d'Aguesseau a fondée lui-même il y a vingt ans, que je dirige depuis quinze, et sur laquelle il ne cesse de veiller avec sollicitude, en pourvoyant à tous ses besoins.

— Ce n'est pas par manque de générosité que M. d'Aguesseau ne serait pas disposé à entrer dans vos vues, et je dois dire aussi dans les miennes, à l'égard de Nicolas Vauquelin; mais il a sur l'instruction et l'éducation à donner aux enfants des idées arrêtées, sur lesquelles il serait difficile de le faire revenir. D'abord, il est persuadé qu'en général il est bon, il est utile que les enfants suivent la condition de leurs pères : c'est le moyen, selon lui, de conserver les bonnes traditions. Partant de ce principe, il soutient qu'il faut donner aux enfants une instruction et une éducation en rapport avec la condition dans laquelle ils sont nés ; qu'ainsi, de même que le fils d'un conseiller au parlement ou d'un homme de loi doit étudier le droit pour entrer au barreau ou dans la magistrature, de même le fils du laboureur ou de l'artisan ne doit apprendre que les premiers éléments des connaissances humaines, tels que la lecture, l'écriture, le calcul, seuls nécessaires dans l'exercice de la profession qu'il doit embrasser. C'est dans ce but qu'il a établi l'école que vous dirigez, et qui n'a pour objet que de donner l'instruction convenable à des enfants destinés aux travaux des champs, ou à exercer des professions d'artisan en rapport avec les besoins des cultivateurs, et non à former des littérateurs ou des savants.

— Mais si parmi ces enfants il s'en trouve un capable de s'élever au-dessus de sa sphère, il faudra donc que, bon gré, mal gré, il étouffe l'étincelle du génie que Dieu a mise en lui, et qu'il reste à jamais parqué dans le cercle où le hasard de sa naissance l'a placé ?

— Remarquez, mon cher maître, reprit
doucement le curé, que je vous expose sim-
plement l'opinion de M. d'Aguesseau, sans la
discuter. Sans doute il y aurait beaucoup de
choses à dire pour ou contre cette thèse ; mais
ce n'est pas le moment d'entrer dans une discussion de cette nature. Seulement, comme
je l'ai fait observer au noble châtelain, si
cette théorie est bonne et salutaire en règle
générale, elle souffre de nombreuses excep-
tions. Là-dessus, je lui ai parlé de ces natures
exceptionnelles, nées avec des aptitudes extraordinaires, et auxquelles il serait possible,
avec un peu d'aide, de procurer tout le développement dont elles seraient susceptibles ;
et, à cette occasion, je n'ai pas manqué de lui
parler de Nicolas Vauquelin et de ses heureuses
dispositions. Voici ce qu'il m'a répondu : « Mon
Dieu, mon cher curé, je ne sais que trop ce
qui arrive le plus souvent de ces petits pro-
diges qui annoncent des merveilles dans leur
enfance, et qui finissent par devenir plus tard
des êtres nuls et incapables. Combien j'en ai
connu de ces enfants qui semblaient doués
des plus brillantes facultés, et dont aucun n'a

tenu les promesses de son jeune âge ! Encore,
s'ils appartiennent à de bonnes familles, s'ils
ont de la fortune, de la naissance même, comme
cela se voit souvent, il n'y a que demi-mal :
ils grossissent le nombre de ces sots et de ces
fats qui pullulent dans tous les rangs de la
haute société, aussi bien à la ville qu'à la cour,
et voilà tout ; mais s'ils sortent des rangs in-
fimes du peuple, si leurs parents sont de
pauvres ouvriers ou cultivateurs, et que ces
enfants, sur la foi qu'inspiraient leurs talents
prévus, obtiennent de la charité de quelques
personnes riches les moyens de recevoir une
éducation semblable à celle que l'on donne aux
enfants des classes élevées, que deviennent-ils,
je vous le demande, s'ils ne profitent pas de
cette éducation, ou s'ils n'en profitent qu'à
demi, comme cela se voit le plus souvent ? Ils
ont perdu l'habitude et le goût du travail manuel, ils le méprisent même comme ils rou-
gissent de leurs parents, qui ne vivent que de
ce travail ; ils sont hors d'état de se suffire à
eux-mêmes avec leurs connaissances incom-
plètes et leur éducation tronquée ; ils ne sont
plus, enfin, que des êtres déclassés, inutiles

à la société, quand ils ne lui sont pas nui-
sibles. »

« Le ton convaincu avec lequel le seigneur
d'Hébertot s'exprimait me fit voir que chez
lui c'était un parti pris, une sorte d'idée fixe,
et qu'il serait inutile de chercher à le contre-
dire ou même à lui montrer l'exagération de
ce qu'il avançait, tout en reconnaissant qu'au
fond certains détails de son tableau ne man-
quaient pas de vérité. Sans donc vouloir entamer une discussion approfondie sur sa thèse, je
me contentai de lui dire : « Cependant, Monsieur, vous ne nierez pas qu'il s'est rencontré
parmi les enfants du peuple des hommes qui,
par leurs talents et leurs vertus, se sont élevés
aux plus hauts degrés de l'échelle sociale, et
qui ont acquis un nom illustre dans l'Église,
dans les armes, dans le barreau, dans la ma-
rine, dans les lettres, dans les sciences et
dans les arts. Sans parler des autres pays,
notre histoire fournit un grand nombre de ces
hommes remarquables, qui ont été les artisans de leur propre fortune.

« — Je le sais comme vous, reprit vivement M. d'Aguesseau ; mais qu'est-ce que cela

prouve contre ce que j'ai avancé? Jamais je
n'ai eu la pensée de soutenir que tous les
hommes, quelle que soit leur naissance et leur
condition sociale, ne peuvent recevoir de Dieu
les dons les plus rares de l'esprit, les qualités
les plus extraordinaires du génie, et s'élever
par là à un degré éminent au-dessus de leurs
semblables; mais ce que je soutiens, c'est qu'il
n'est pas possible de prédire à coup sûr, chez
les enfants doués des plus brillantes dispositions, que ces germes du talent et du génie
atteindront le développement et la maturité
qu'on aurait pu en espérer; pas plus qu'en
voyant au printemps un pommier couvert de
fleurs on ne peut garantir avec certitude que
ces fleurs deviendront autant de fruits à l'au-
tomne. Une gelée imprévue, un coup de vent
du nord, peuvent détruire une partie de ces
espérances dès le commencement; plus tard,
les insectes parasites, la grêle ou quelque
autre perturbation, détruisent le reste; et
quand arrive le temps de la récolte, l'arbre
est dépouillé d'une partie de son feuillage, et
il ne lui reste plus que quelques fruits à demi
rongés des vers. Telle est l'image de la plupart

2

de ces enfants précoces dont je vous parlais
tout à l'heure. Je pose en fait que sur un cent
on en rencontre à peine un seul qui ne trompe
pas les espérances de ses protecteurs ; c'est,
comme vous le voyez, peu encourageant pour
ceux-ci. Mais, me direz-vous, vous admettez
pourtant que des enfants nés de parents pauvres et doués d'aptitudes naturelles se sont
élevés au-dessus de leur sphère, et ont acquis
gloire, considération, fortune ; oui certainement, je l'admets ; mais ce sont des excep-
tions qui ne font que confirmer la règle générale. Puis, ajouta-t-il, remarquez encore une
chose digne d'observation : c'est que la plupart de ces hommes exceptionnels, de ces
artisans de leur propre fortune, se sont élevés,
pour ainsi dire, d'eux-mêmes ; loin d'avoir
des protecteurs à leur début, ils n'ont, au contraire, rencontré souvent que des obstacles de
toute nature, que leur énergie et leur persé-
vérance sont parvenues à surmonter. On dirait
qu'ils sont de la nature de ces plantes que l'on
nomme *saxifrages,* qui croissent au milieu des
rochers qu'elles entourent et qu'elles percent,
pour ainsi dire, afin de se produire au dehors

et d'étaler aux yeux éblouis leurs fleurs brillantes et variées et leurs feuilles salutaires (1).

Si donc, mon cher curé, votre protégé est un de ces êtres privilégiés à qui Dieu a départi quelque étincelle du feu sacré, ne vous inquiétez pas de lui : il saura bien trouver lui seul son chemin, et il arrivera au but mieux peut-être que si l'on eût essayé de le diriger. Mais, en attendant, pourquoi ne suit-il pas l'état de son père, qui est un honnête et intelligent cultivateur ?

« — Monsieur, ai-je répondu, c'est que le jeune Nicolas n'est pas d'un tempérament assez robuste pour pouvoir se livrer aux travaux des champs.

« — En ce cas, a-t-il repris, il faut qu'il prenne un état moins pénible, et qui soit en

---

(1) Les *saxifrages*, vulgairement *casse-pierre*, *perce-pierre*, *rompt-pierre*, sont des plantes qui croissent dans les fentes et crevasses des rochers, sur le bord des torrents. Une des plus belles et des plus agréables espèces, apportée des montagnes de la Sibérie, est la saxifrage à feuilles charnues qui sont d'une précieuse utilité pour le pansement des vésicatoires et des cautères. On vante avec raison la beauté des fleurs de la saxifrage pyramidale, de la mignonnette, de la cunéiforme, de la jaune, etc.

rapport avec ses forces physiques. Quel âge
a-t-il ?

« — Il est né le 16 mai 1763 ; il aura donc
quatorze ans accomplis le 16 mai prochain.

« — Il est temps de songer à le mettre en
apprentissage. Savez-vous s'il a un goût prononcé pour une des professions que l'on exerce
au village ?

« — Je n'en sais rien.

« — Eh bien, voyez ses parents, interrogez
l'enfant, et quand vous aurez connu les intentions de la famille, veuillez m'en avertir, et je
me chargerai de tous les frais d'apprentissage
du jeune homme. »

« J'ai remercié M. d'Aguesseau au nom de
la famille Vauquelin, et j'ai pris congé de lui
en disant que j'allais faire part de ses intentions au père et à la mère, qui seraient très-
reconnaissants de ses offres généreuses; mais
avant de leur parler j'ai voulu, mon cher
maître, vous entretenir à ce sujet, connaissant
l'intérêt que vous portez à Nicolas. Dites-moi,
d'abord, avez-vous remarqué dans cet enfant
quelque disposition particulière qui puisse
servir d'indice sur sa vocation future ?

— A cet âge, vous le savez, monsieur le curé, on n'a encore les idées arrêtées sur rien, et il serait téméraire d'affirmer qu'il a un goût prononcé pour telle profession plutôt que pour telle autre; seulement, je crois qu'il n'a pas plus de disposition pour une profession manuelle que pour l'état de laboureur. Il aime les livres, il cherche à s'instruire, et tout ce qui peut étendre ses connaissances l'intéresse vivement. Tenez, par exemple, il a trouvé dernièrement dans ma bibliothèque, peu fournie du reste, et que j'ai mise à sa disposition, un volume dépareillé du *Dictionnaire d'histoire naturelle* de Valmont de Bomare; eh bien, il l'a déjà lu et relu deux ou trois fois. Lorsqu'il va dans les champs, il cherche les plantes dont il a lu la description dans ce livre, et il en a fait une collection qu'il appelle gravement son herbier. C'est ce goût prononcé pour l'étude qui me persuade que si cet enfant suivait les cours d'un collége, il ferait certainement des progrès rapides; mais, d'après ce que vous a dit M. d'Aguesseau, il n'y faut plus penser. Il y aurait bien un moyen, auquel j'ai songé quelquefois, de faire faire ses classes à Nicolas

sans avoir besoin de l'intervention de M. d'A-
güesseau, et ce moyen dépendrait de vous,
monsieur le curé.

— De moi! s'écria avec surprise le digne
ecclésiastique; comment l'entendez-vous, mon
cher maître? Quoi! vous voulez que moi,
pauvre curé à portion congrue, appartenant
à un ordre religieux où je ne suis entré qu'en
faisant vœu de pauvreté, je puisse payer la
pension d'un collégien?

— Oh! non, Monsieur, ce n'est pas comme
cela que je l'entends. Ce n'est pas seulement
dans les colléges ordinaires que les jeunes gens
peuvent faire leurs classes. Mgr l'évêque de
Lisieux a établi près de son séminaire une
école préparatoire qui est un véritable collége
ecclésiastique, où les enfants reçoivent une
éducation aussi complète qu'au collége de Caen
ou de Rouen; la pension y est beaucoup moins
chère, et, de plus, on y reçoit gratuitement
les enfants pauvres qui montrent de bonnes
dispositions. Il y a dix ans à peine que M. votre
prédécesseur a fait entrer dans cet établissement un de mes élèves d'alors, qui était loin
d'avoir la capacité de Nicolas, et qui au-

jourd'hui est vicaire à Pont-l'Évêque. Il me
semble, monsieur le curé, que si vous vouliez
recommander le jeune Vauquelin à Monsei-
gneur, Sa Grandeur ne ferait aucune difficulté
de le recevoir dans son école ecclésiastique.

— C'est possible; mais, mon cher maître,
pensez-vous que Nicolas ait jamais une vocation sérieuse pour l'état ecclésiastique?

— Je n'en sais rien ; il est, comme je vous
l'ai dit, fort indécis; mais cette vocation pourrait lui venir.

— J'en doute ; car je l'ai étudié à ce point
de vue, parce que sa mère m'avait témoigné
le désir que son fils fût prêtre; eh bien, je me
suis convaincu que cet enfant n'était point
appelé à entrer dans le saint ministère.

— Mais il me semble que ceci ne doit pas
être un obstacle sérieux ; beaucoup de jeunes
gens, après avoir fréquenté cette école ecclésiastique, n'entrent pas dans les ordres. Ils
n'en ont pas moins fait de bonnes classes et
n'en sont pas moins aptes à remplir dans la
société d'autres fonctions en rapport avec les
connaissances qu'ils ont acquises.

— Ce qui ne vous semble pas un obstacle

sérieux, m'en paraît, au contraire, à moi,
un insurmontable. L'établissement dont vous
parlez a été fondé spécialement pour les enfants qui se destinent au sacerdoce. Sans doute,
tous n'atteignent pas le but pour lequel ils
sont élevés, soit que la vocation leur manque
au moment décisif, soit que les supérieurs ne
les jugent pas dignes ou capables de recevoir
les ordres sacrés, soit pour tout autre motif;
mais enfin, tous se sont présentés en mani-
festant l'intention formelle d'embrasser l'état
ecclésiastique. Cette manifestation a été la
condition essentielle de leur admission, et sans
cette déclaration faite par les parents ou leurs
représentants, et par les enfants eux-mêmes,
ils n'auraient pas été reçus. Je n'irai donc pas
demander à l'évêché une place dans cette école
pour un enfant qui, j'en ai la certitude, ne
remplit pas les conditions d'admission exigées
par le fondateur. Je m'en ferais un véritable
cas de conscience, d'autant plus que ce serait
peut-être envahir la place d'un sujet qui rem-
plirait mieux ces conditions, et qui pourrait
devenir un jour un digne ministre de Jésus-
Christ.

— Pardon, monsieur le curé, je n'avais
pas réfléchi à toutes ces objections; je trouve
vos scrupules parfaitement fondés, et je n'in-
siste pas. Maintenant qu'il ne faut compter
pour Nicolas ni sur le collége, ni sur le petit
séminaire, je connais un emploi qu'il rempli-
rait parfaitement, s'il le voulait, et dont je ne
vous ai pas encore parlé, parce que je croyais
cet enfant destiné à remplir des fonctions plus
relevées.

— Et quel est cet emploi?

— C'est celui d'instituteur, de maître d'é-
cole, comme moi.

— Ah! vous croyez qu'il a des dispositions
pour cet état?

— Je n'affirmerais pas qu'il ait jusqu'à pré-
sent un goût bien prononcé pour cette partie;
seulement, je sais que s'il voulait s'en donner
la peine, il ferait un excellent magister. Il a
d'abord toute l'instruction nécessaire; car, je
vous l'ai dit, je n'ai plus rien à lui montrer,
et je ne crains pas d'avouer que sur certaine
partie il en sait plus que moi, parce qu'il a
plus le temps de lire et de méditer; ensuite,

2*

je l'ai mis à l'épreuve, et il s'en est parfaitement tiré.

— Quelle épreuve, dit en souriant le curé, lui avez-vous fait subir?

— Vous rappelez-vous, Monsieur, que cet hiver j'étais tourmenté d'un gros rhume, accompagné d'une extinction de voix telle qu'on ne m'entendait pas parler?

— Je m'en souviens parfaitement.

— Eh bien, Monsieur, comme cette affection me gênait extrêmement pour faire ma classe, j'ai prié Nicolas de me remplacer. Il a accepté, non sans quelque difficulté. En commençant il était un peu troublé, hésitant; puis il s'est remis peu à peu, si bien que dès le second jour il marchait parfaitement, et que pendant une semaine entière il a fait ma classe avec l'aplomb d'un homme de quarante ans. Les élèves écoutaient ses explications peut-être plus attentivement qu'ils n'écoutent les miennes.

— Est-ce qu'il se servait aussi de la férule? demanda le curé en riant.

— Non, Monsieur, il n'a pas voulu s'en charger; mais moi j'étais là pour m'en servir

au besoin et pour maintenir tout en bon ordre;
bientôt, toutefois, je m'aperçus que ma présence n'était pas absolument nécessaire. Je fis
quelques absences, fort courtes d'abord, puis
plus prolongées, et jamais, quand je n'y étais
pas, le moindre désordre ne se manifestait.
Il est vrai que je ne m'éloignais pas beaucoup,
que je rentrais souvent à l'improviste, et que
les écoliers me croyaient toujours aux écoutes,
ce qui ne contribuait pas peu à les maintenir
dans le devoir. Depuis ce temps-là, dans d'autres circonstances, je l'ai prié de me rendre
le même service; il l'a fait avec la même obli-
geance envers moi, et toujours avec le même
succès envers les élèves.

— Ce que vous venez de me dire, mon cher
maître, mérite réflexion, et nous en causerons
avec sa famille.

— Vous pourriez en parler aussi à M. d'A-
guesseau; car si Nicolas se sentait des dispositions pour l'instruction publique, M. d'A-
guesseau pourrait me l'adjoindre comme sous-
maître, avec une faible rétribution; car il sait
que pendant l'hiver surtout, il est impossible
à un homme seul de faire la classe, qui compte

alors plus de soixante élèves. Plus tard même, quand l'âge et la fatigue me forceront de me retirer, Nicolas pourra devenir mon successeur. Je sais que cette perspective n'est pas très-brillante; mais je crois qu'il aimera encore mieux suivre cette carrière que d'exercer le métier de menuisier, de charron, de cordonnier ou de tailleur, à peu près les seules professions dont il pourrait faire l'apprentissage dans le pays.

— Votre idée n'est point à dédaigner; veuillez, je vous prie, engager Vauquelin, sa femme et leur fils Nicolas, à se trouver avec vous, demain dimanche, à la cure, immédiatement après les vêpres. Nous causerons de tout cela, et nous verrons à quel parti il faudra nous arrêter. »

CHAPITRE II

Le conseil de famille. — La décision du châtelain. — Départ
de Nicolas Vauquelin pour Rouen.

Dans cette espèce de conseil de famille qui
se tint le lendemain au presbytère, sous la
présidence de M. le curé, la proposition de
maître Vatel fut accueillie avec enthousiasme
et reconnaissance par le père Vauquelin, qui,
fort embarrassé de ce qu'il ferait de son jeune
fils, à qui sa frêle constitution interdisait tout
travail corporel trop fatigant, était enchanté
de lui voir prendre un état qui le plaçait de
droit parmi les notabilités de la paroisse; car
au village un instituteur est un personnage
important.

La mère Vauquelin était moins enthousias-
mée, car elle eût bien mieux aimé voir son
fils entrer dans l'état ecclésiastique; mais, à
défaut de la réalisation de ce rêve maternel,
elle était contente en pensant que Nicolas aurait un emploi honorable, paisible, et qu'il ne
quitterait pas sa famille.

Le moins satisfait des trois était Nicolas. Il
paraît que la perspective d'être magister de
village lui souriait médiocrement; cependant
il n'en faisait rien paraître, pour ne pas con-
trarier ses parents ni M. le curé, qui lui portait tant d'intérêt. Il acquiesça donc, mais sans
transport, à la décision générale; il remercia
avec chaleur M. le curé de la bienveillance
qu'il lui témoignait, et il adressa à son maître
d'école des remercîments sincères pour la
preuve d'affection qu'il venait de lui donner.

« Allons, mes amis, dit M. le curé en levant
la séance, voilà un projet arrêté; il lui manque
toutefois, pour être définitif, la sanction du
fondateur et du protecteur de cette école. Je
le lui soumettrai dès demain, et j'ai tout lieu
de croire qu'il y donnera son approbation sans
difficulté. Il faudra que Nicolas m'accompagne;

il est nécessaire que M. d'Aguesseau le voie et
puisse l'interroger, pour juger par lui-même
s'il mérite la faveur que nous solliciterons pour
lui. »

Le lendemain, dans l'après-midi, le curé et
Nicolas se présentèrent au château; ils furent
immédiatement introduits dans le cabinet où
travaillait M. d'Aguesseau. Ce cabinet était
une bibliothèque dont les tablettes, chargées
de livres richement reliés et de tout format,
garnissaient du haut en bas les murs de l'appartement. De sa vie Nicolas n'avait vu tant
de livres réunis; il en fut comme ébloui, et
ses regards se portèrent sur ces innombrables
volumes plutôt que sur le maître du château,
assis devant une grande table-bureau couverte
de livres et de papiers. Tandis que le jeune
homme s'arrêtait à quelques pas de la porte,
en contemplation devant ces beaux volumes,
le curé s'était avancé jusque auprès de M. d'A-
guesseau, qui s'était levé et lui tendait la
main, en disant : « Bonjour, mon excellent
curé, vous venez bien tard aujourd'hui; mais,
quelle que soit l'heure, vous êtes toujours le
bienvenu. »

Le curé, après quelques mots d'excuse, dit
à M. d'Aguesseau : « Je tenais à vous présenter
le jeune homme dont je vous ai parlé l'autre
jour, et auquel vous avez promis de vous intéresser.

— Ah ! oui, dit le châtelain ; le plus jeune
des fils de Guillaume Vauquelin. Approchez,
mon ami, » dit-il avec bonté en s'adressant à
Nicolas, qui se tenait toujours auprès de la
porte. Celui-ci fit aussitôt quelques pas en
avant, et s'arrêta devant la table de l'autre
côté de laquelle M. d'Aguesseau était assis,
ayant à sa droite le curé, assis dans un fauteuil
semblable au sien.

Nicolas, quoique vêtu en paysan, n'avait
point cet air gauche ordinaire aux enfants de
la campagne. Il était, toutefois, très-timide,
mais de cette timidité qui accompagne bien la
modestie, et que l'on ne perd que par le grand
usage du monde. Nous ferons remarquer en
passant à nos jeunes lecteurs que Vauquelin
ne se débarrassa jamais entièrement de cette
timidité qui paralysait parfois ses moyens, lui
donnait un certain air embarrassé avec les personnes qu'il ne connaissait pas ; mais dès qu'il

s'était familiarisé avec elles, il reprenait tous
ses avantages, et se montrait dans toute sa
supériorité.

M. d'Aguesseau, après l'avoir examiné un
instant, remarqua sa physionomie intelligente
à travers l'embarras que lui causait sa timidité naturelle. Se tournant vers le curé, il lui
dit : « Allons, j'espère, mon bon curé, que ce
jeune homme ne démentira pas la bonne opinion que vous avez de lui : il sait bien lire et
écrire ?

— Lire, écrire, calculer ; en un mot, pour
me servir de l'expression de maître Vatel, il
en sait autant que lui, et il n'est plus capable
de lui enseigner à son élève. Aussi, nous ve-
nions, Monsieur, vous parler d'un projet... »

M. d'Aguesseau, pendant que le curé pro-
nonçait ces derniers mots qu'il n'entendit pas,
avait pris une lettre ouverte sur sa table, et
il dit en interrompant le curé : « Je suis bien
aise, mon cher abbé, de ce que vous m'apprenez au sujet de votre protégé. Hier j'ai
songé à lui en recevant cette lettre du docteur
Raynaud, de Rouen, mon ami et mon médecin. Après avoir répondu longuement à une

consultation que je lui avais adressée, il me dit en terminant : « Vous m'obligeriez beau-
« coup si vous pouviez découvrir, dans le pays
« que vous habitez, un jeune homme de douze
« à quinze ans, sachant bien lire et bien
« écrire, laborieux, intelligent, et apparte-
« nant à une honnête famille : ce serait pour
« être employé comme garçon de laboratoire
« chez M. Larcher, un des premiers apothi-
« caires de Rouen. Il serait nourri et logé, et
« recevrait dix livres de gages par mois. »

« A la lecture de cette note, continua M. d'Aguesseau en reposant sur sa table la lettre du docteur Raynaud, j'ai pensé sur-le-champ, comme je viens de vous le dire, au jeune Vauquelin, dont vous m'aviez parlé la veille. S'il a réellement le désir de s'instruire, il pourrait faire son chemin dans cette maison; car M. Larcher n'est pas un droguiste comme l'étaient et le sont encore la plupart des apothicaires appartenant à l'ancienne école; c'est ce que l'on appelle maintenant un pharmacien (1), c'est-à-dire un homme versé dans

(1) Ce n'est que vers la fin du dernier siècle que le nom de pharmacien a été donné aux apothicaires; ces deux mots sont

la chimie et la préparation raisonnée des mé-
dicaments. Il a toujours de nombreux élèves
à qui il donne des leçons dans son laboratoire,
et un garçon intelligent qui assisterait à ces
leçons pourrait en profiter, et devenir lui-
même un jour un pharmacien capable. Pour
vous donner une idée complète de M. Larcher, j'ajouterai qu'il est le compatriote, le
condisciple et l'ami intime du célèbre Valmont de Bomare (1); qu'ensemble ils ont
étudié les sciences naturelles et tenu de société
une pharmacie à Paris pendant deux ans; mais,
Valmont de Bomare ayant été appelé à voya-
ger, M. Larcher quitta la pharmacie de Paris
pour venir en établir une dans son pays, à
Rouen. Enfin, lorsque M. de Bomare publia

---

regardés généralement comme synonymes; cependant on donne
le titre de pharmacien à ceux qui ont fait des études spéciales
dans les écoles de pharmacie, et qui, après examens, sont
reconnus aptes à exercer cette profession.

(1) Jacques-Christophe Valmont de Bomare, célèbre naturaliste, né à Rouen en 1731, fut deux ans pharmacien à Paris,
et voyagea comme naturaliste pour le compte du gouvernement.
On lui doit plusieurs ouvrages; mais le principal est son *Dictionnaire raisonné universel d'histoire naturelle*. La première
édition fut publiée à Paris en cinq vol. in-8°, 1765; la dernière,
en quinze vol. in-8°, en 1800. Valmont de Bomare est mort
en 1807.

la première édition de son grand Dictionnaire raisonné d'histoire naturelle, son ami lui fournit plusieurs notes importantes, dont le savant naturaliste a fait usage dans son ouvrage. »

Tandis que M. d'Aguesseau parlait, Nicolas était devenu tout attention. Il écoutait avidement chacune de ces paroles qui semblaient lui ouvrir un horizon nouveau. Au nom de Valmont de Bomare, en entendant parler de la liaison existant entre cet homme célèbre et le patron chez lequel on lui proposait d'entrer, sa physionomie s'était illuminée, ses yeux brillaient du feu de l'intelligence. Tout en causant, M. d'Aguesseau avait remarqué, avec une certaine satisfaction, ce changement opéré si promptement chez le jeune villageois.

« Eh bien, mon garçon, lui dit-il en finissant, cet emploi te sourit-il?

— Oui, Monsieur, » répondit-il en rougissant et en baissant la tête; mais non sans avoir jeté à son interlocuteur un regard qui accentuait son consentement d'une manière plus formelle que son *oui* timidement prononcé.

Le curé crut devoir intervenir alors, et, s'adressant à Nicolas, il lui dit avec un léger ton de reproche, tempéré par sa bonté ordinaire : « Mais, mon ami, vous avez tort de répondre affirmativement à Monsieur, et de prendre, en quelque sorte, un nouvel engagement, tandis que vous en avez contracté un autre, et avant de savoir si Monsieur ne donnera pas son approbation au projet que nous avons formé hier avec vos parents, auquel cas la proposition que Monsieur vient de vous faire ne pourrait recevoir d'exécution.

— De quel projet, de quel engagement voulez-vous parler ? » demanda le châtelain surpris.

Le curé raconta alors la proposition de maître Vatel, l'acquiescement qu'y avaient donné le père et la mère Vauquelin et Nicolas lui-même ; il termina en disant qu'il était venu au château dans l'intention de soumettre ce projet à Monsieur, dont l'approbation était nécessaire pour le valider.

« Ah ! ah ! reprit en souriant M. d'Aguesseau, voilà un projet qui n'est pas aussi sans importance, et qui a bien son beau côté.

Puisque tout le monde est d'accord, je n'ai pas de raison de m'y opposer. Peste! être un jour instituteur à Saint-André-d'Hébertot, c'est plus beau et plus honorable, sans doute, que d'être garçon apothicaire à Rouen... »

Tandis qu'il parlait, M. d'Aguesseau observait de nouveau à la dérobée la physionomie de Nicolas. Un changement aussi rapide que complet s'était opéré en lui. Dès qu'il avait été question du projet de la veille, son front s'était assombri, et un voile de tristesse avait couvert son visage; mais quand il entendit M. d'Aguesseau applaudir à ce projet et y donner son acquiescement, ses traits s'étaient contractés, et ses yeux, qui un instant auparavant brillaient d'espérance et de joie, s'étaient gonflés et étaient près de répandre des larmes. M. d'Aguesseau s'interrompit tout à coup après ce parallèle un peu ironique entre un maître d'école de village et un garçon apothicaire, et, s'adressant à Nicolas, il lui dit en souriant : « J'espère, mon enfant, que vous êtes enchanté de l'idée de remplacer maître Vatel? »

Le jeune homme ne répondit rien, baissa la

tête, et quelques larmes coulèrent silencieu-
sement le long de ses joues.

« Que vois-je? reprit le châtelain; je crois
que vous pleurez? Est-ce que, par hasard, ce
projet ne vous conviendrait pas? Est-ce que
la proposition du docteur Raynaud de vous
placer chez un pharmacien vous plairait da-
vantage? Voyons, mon enfant, ajouta-t-il avec
bonté, parlez avec franchise. M. le curé et
moi, nous ne cherchons, nous ne désirons
que ce qui peut le mieux assurer votre avenir;
ainsi, vous ne devez pas craindre de vous
expliquer devant nous à cœur ouvert. »

Le curé joignit ses instances à celles du
châtelain, et Nicolas, touché par tant de
bienveillance, et surtout par la physionomie
sympathique de M. d'Aguesseau, avoua qu'il
aimait mieux entrer chez l'apothicaire de
Rouen que d'exercer les fonctions d'instituteur
primaire à Saint-André ou ailleurs; que, s'il
avait fait quelquefois la classe, c'était uniquement pour rendre service à son maître; mais
qu'il ne s'était jamais senti de goût pour cette
profession.

« Bien, reprit M. d'Aguesseau; je com-

prends cette répulsion pour l'enseignement
après l'expérience que vous avez faite, et où
vous avez pu reconnaître que cette profession
ne vous convenait pas; mais comment pouvez-
vous savoir que vous aurez plus de goût pour
les fonctions de garçon de laboratoire, qui
sont, je vous en préviens, très-pénibles parfois : fonctions que vous ne connaissez pas,
dont vous n'aviez peut-être jamais entendu
parler jusqu'à ce jour? Qui nous garantit, à
M. le curé et à moi, que quand vous aurez
fait l'expérience de cette nouvelle condition
il n'en sera pas de même que pour l'emploi
d'instituteur, et que vous déclarerez qu'elle
aussi n'est pas de votre goût?

— Oh! Monsieur, c'est bien différent, répondit Nicolas, de plus en plus rassuré par la
bienveillance qu'on lui témoignait; d'abord,
ce n'est pas le travail qui m'effraie; je ne sais
pas, il est vrai, en quoi consistent les fonctions que l'on me propose; mais ce que je
vous ai entendu dire, ce qui m'a frappé, c'est
que je pourrais assister aux leçons d'un ami,
d'un condisciple de M. Valmont de Bomare;
et voilà ce qui me rendrait heureux et me

ferait supporter avec joie les fatigues de mon emploi, quelque pénibles qu'elles fussent.

— Est-ce que par hasard vous connaissez M. Valmont de Bomare? demanda M. d'Aguesseau avec surprise.

— Non, Monsieur; mais j'ai lu et je relis encore tous les jours un volume de ses ouvrages que m'a prêté M. Vatel, et j'ai le plus vif désir de lire les autres volumes. Il est probable que M. Larcher les possède, et dans ce cas je pourrais, avec sa permission, satisfaire mon désir. »

Le curé confirma ce que venait de dire Nicolas, et qu'il tenait de la bouche du maître d'école lui-même, ajoutant que celui-ci lui avait dit que depuis que son élève étudiait ce volume, il montrait un goût prononcé pour la botanique et l'histoire naturelle. « Je n'y ai pas attaché beaucoup d'importance, continua le curé, regardant cela comme un effet de la curiosité naturelle à cet âge, qui se porte avec empressement vers tous les objets nouveaux qui la frappent.

— Cela mérite peut-être plus d'attention que vous ne pensez, dit tout bas M. d'Agues-

3

seau ; et il y a là peut-être une révélation. »
Puis, s'adressant à Nicolas : « Quel est le titre
du volume de M. de Bomare que vous avez
lu ?

— C'est le premier de son Dictionnaire universel d'histoire naturelle.

— Eh bien, mon ami, voyez là, à gauche,
près de la porte, ces neuf volumes qui se
trouvent rangés sur la seconde tablette, et qui
sont reliés en maroquin rouge ; prenez le premier volume, et voyez si c'est bien le même
que vous connaissez. »

Nicolas suivit les indications de M. d'Aguesseau ; et, après avoir jeté un coup d'œil sur
le volume, il dit : « Oh ! oui, c'est bien la
même chose ; seulement, ce volume est plus
gros, et il contient des gravures qui ne sont
pas dans celui de M. Vatel.

— C'est que le volume que vous connaissez
appartient sans doute à la première édition,
qui a paru il y a une douzaine d'années, tandis
que l'exemplaire que je possède est de la dernière édition, qui a été publiée il y a deux
ans. Eh bien, mon ami, si cela peut vous intéresser, prenez ces neuf volumes, rangez-les

avec soin sur le pupitre placé près de la croi-
sée, et amusez-vous à les parcourir et à en
examiner les gravures, pendant que nous causerons un instant, M. le curé et moi. »

Nicolas, enchanté, porta l'un après l'autre,
et avec beaucoup de précaution, les volumes
sur un long pupitre qui se trouvait à l'autre
extrémité de la chambre, et, usant aussitôt de
la permission qu'on venait de lui accorder, il
se mit à les parcourir d'abord, puis à faire
des recherches, et bientôt son attention fut
tellement absorbée par ce qu'il lisait, qu'il
avait presque oublié le lieu où il se trouvait,
et qu'il n'apercevait rien de ce qui se passait
autour de lui.

M. d'Aguesseau avait suivi avec attention
tous ses mouvements, et quand il le vit plongé
attentivement dans sa lecture, il dit à voix
basse au curé : « Je ne crois pas, mon cher
abbé, m'être trompé en vous disant tout à
l'heure que ce que vous preniez pour l'effet
d'une simple curiosité d'enfant était peut-être
la révélation d'un goût réel, d'une vocation
sérieuse. Dans ce cas, il serait, à mon avis,
plus raisonnable de l'envoyer à Rouen que

de lui assurer la survivance de la charge de maître Vatel :

— Vous avez peut-être raison, Monsieur, répondit le curé sur le même ton ; cependant permettez-moi une objection : quand il aura tâté de son nouveau métier, qui peut répondre, comme vous le disiez tout à l'heure avec tant de justesse, qu'il ne s'en dégoûtera pas bientôt comme de celui d'instituteur ? Alors il serait forcé de revenir ici, accompagné de ce découragement qui suit toujours une entreprise avortée.

— Ce serait là, dans tous les cas, mon cher abbé, un pis aller qui n'aurait pas de graves inconvénients ; il servirait à lui montrer qu'il ne faut pas prendre de simples velléités ou des rêves de son imagination pour des signes certains d'une vocation sérieuse. Mais je pense qu'il n'y a rien de semblable à craindre de la part de ce jeune homme. Autant que je puis en juger, d'après ce que vous m'en avez dit avant-hier et d'après le peu que j'ai pu observer par moi-même aujourd'hui, je lui crois un désir ferme et sincère de s'instruire ; je lui crois surtout un caractère assez fortement

trempé pour chercher cette instruction, de-
venue un besoin de son âme, à travers toutes
les difficultés qu'il pourra rencontrer. S'il en
est ainsi, il serait un de ces êtres privilégiés
dont je vous parlais l'autre jour, qui arrivent
malgré les obstacles, ou plutôt à qui les obstacles ne font que donner un redoublement d'é-
nergie. Dans tous les cas, s'il ne parvenait pas
à un rang bien élevé dans la science, il pourra
toujours arriver à en savoir assez pour exercer
la profession de simple apothicaire droguiste
et herboriste; c'est une position assez lucra-
tive et assez avantageuse, surtout dans une
grande ville, comme à Rouen ou à Paris. Quand
il en sera arrivé là, s'il s'est toujours bien
conduit, s'il a continué à se montrer laborieux et studieux, je me chargerai volontiers
de faire les frais de son premier établissement.

— Je vous remercie, Monsieur, en son nom
et en celui de sa famille, en attendant que
ses parents viennent vous remercier eux-
mêmes.

— Voilà précisément ce que je ne veux pas.
Je vous prie, mon cher curé, de garder le plus

profond secret envers tout le monde, et surtout envers Nicolas et sa famille, sur mes intentions à l'égard de ce jeune homme; je n'entends pas recevoir d'avance des remercîments pour des promesses conditionnelles dont l'accomplissement ne s'effectuera pas si la condition n'est pas remplie. D'un autre côté, je veux que ce jeune homme agisse de lui-même, par ses propres inspirations, sans être excité par l'appât d'une récompense, sans se douter qu'il a quelqu'un qui l'observe et qui viendra à son aide au besoin, s'il s'en montre digne. Maintenant que tout est bien entendu, veuillez faire part à la famille Vauquelin de la proposition du docteur Raynaud, en ajoutant qu'en vous la transmettant je vous ai dit que je la croyais plus avantageuse pour leur fils que la place d'instituteur à Saint-André.

— Je ferai volontiers votre commission, Monsieur; mais quant à cette dernière partie, je doute de parvenir facilement à les persuader, surtout si je ne leur parle pas des avantages que vous ferez à Nicolas dans le cas où il s'en rendrait digne par son travail et sa bonne conduite; car l'idée de voir leur fils devenir

un personnage aussi important les flattait sin-
gulièrement, et je crains que leur vanité ne
trouve guère son compte à le savoir simple
garçon apothicaire.

— Il est possible que la vanité de la femme
Vauquelin se trouve froissée par ce contraste
plus choquant en apparence qu'il ne l'est en
réalité ; quant au père Vauquelin, c'est un
homme plein de bon sens, et à qui il sera facile
de faire entendre raison. Vous pouvez lui dire
que je n'ai pas donné mon approbation au
fameux projet en question, parce que je trouve
Nicolas trop jeune pour exercer les fonctions
de suppléant ; que, d'un autre côté, maître
Vatel étant d'âge à exercer ses fonctions pendant encore dix à douze ans au moins, le jeune
Vauquelin aurait jusque-là à attendre pour le
remplacer ; que tout cela serait donc très-
éventuel, et qu'il valait mieux profiter de l'occasion qui se présentait de lui donner un état
dont l'apprentissage ne lui coûterait rien, où
il trouverait même à gagner sa nourriture et
son entretien, tandis qu'il ne pourrait pas
espérer de sitôt tirer quelque profit de l'emploi de suppléant de l'instituteur. Appuyez

sur ces raisons, ajouta M. d'Aguesseau, parce
que nos paysans normands sont extrêmement
sensibles à tout ce qui est bénéfice et profit.
Après cela, si vous ne parvenez pas à le con-
vaincre, je me chargerai de lui parler à la
première occasion; mais surtout, pas un mot
de ce que je me propose de faire pour Nicolas.
Maintenant il est temps de reconduire notre
jeune homme à sa famille. »

Pendant cette conversation, Nicolas n'avait
pas levé les yeux de dessus ses livres. M. d'A-
guesseau, qui tout en causant n'avait pas
cessé de l'observer, quitta son fauteuil, et
s'approcha de lui en lui disant avec bonté :
« Eh bien, mon ami, ces livres vous amu-
sent-ils?

— Oh! Monsieur, je passerais des journées
et des nuits à les lire.

— Ce serait beaucoup trop, mon ami; rappelez-vous que la lecture est la nourriture de
l'âme, comme les aliments sont la nourriture
du corps; pour qu'ils profitent, il ne faut pas
en prendre avec excès; autrement, gare une
indigestion! Maintenant, voyons, êtes-vous
bien décidé à aller à Rouen?

— Oui, Monsieur, si papa et maman y con-
sentent.

— C'est entendu. M. le curé va les pré-
venir, et si, comme je n'en doute pas, ils
donnent leur acquiescement, il faudra partir
le plus tôt possible. Avant de vous mettre en
route vous viendrez me voir, et je vous re-
mettrai une lettre pour le docteur Raynaud,
qui vous conduira lui-même chez M. Larcher. »

Nicolas remercia le noble châtelain, et il
alla, avec M. le curé, rendre compte à sa
famille de sa visite au château.

Le père et la mère Vauquelin firent moins
d'objections que ne l'avait craint le curé.
Comme l'avait prévu M. d'Aguesseau, le père
reconnut qu'il y avait avantage marqué,
puisque l'enfant ne serait plus à la charge de
la famille. Quant à la mère, dès l'instant que
son fils ne se ferait pas prêtre, peu lui im-
portait l'état qu'il embrasserait; seulement,
elle eût préféré qu'il fût devenu instituteur,
parce qu'il serait resté près d'elle. Le plus
contrarié de tous fut le maître Vatel, qui avait
espéré trouver un aide à bon marché, qui lui

eût permis de prendre quelque repos ; mais il
n'avait pas voix délibérative dans cette circonstance.

Deux jours après, le jeune homme était prêt
à partir. Son père le conduisit au château pour
remercier M. d'Aguesseau. Celui-ci lui remit
la lettre qu'il lui avait promise pour son ami
le docteur ; puis, après avoir pris congé d'eux,
il les engagea à passer chez Mme d'Aguesseau,
qui les attendait. La noble châtelaine, après
avoir donné quelques avis salutaires au jeune
homme et lui avoir recommandé surtout l'accomplissement de ses devoirs religieux, lui
donna quelques vêtements à sa taille, puis lui
remit un bel écu neuf de six livres dans sa
main. Le soir même il se mit en route, et le
lendemain il arrivait à Rouen.

CHAPITRE III

Nicolas Vauquelin chez le pharmacien Larcher, de Rouen.
— Départ pour Paris.

Ce fut un spectacle étrange et saisissant
pour un jeune campagnard sorti pour la première fois de son village, que l'aspect de cette
grande cité avec son port couvert d'innombrables navires aux mâts élancés, avec ses
quais remplis de ballots de marchandises de
toute espèce, que des hommes de peine étaient
occupés à charger ou à décharger; puis ses
regards se portaient avec étonnement sur ces
maisons à quatre ou cinq étages qui bordaient
la rivière, sur ces rues longues et tortueuses
où s'agitait une foule affairée et bruyante. Le

pauvre Nicolas, qui n'avait jamais été plus loin que Pont-l'Évêque, petite ville à deux lieues de Saint-André, fut quelques instants étourdi et comme ahuri par ce tumulte et par ce spectacle si nouveau pour lui; mais il ne tarda pas à se remettre, et, songeant à remplir au plus tôt l'objet de son voyage, il s'informa à différentes personnes de la demeure du docteur Raynaud. Ce savant médecin était tellement connu, que les premières personnes à qui il s'adressa purent lui donner des indications suffisantes. Nicolas arriva donc bientôt chez lui, et lui remit la lettre de M. d'Aguesseau. Après l'avoir lue, le docteur le regarda attentivement, puis il lui dit avec bonté :

« Je pense que vous conviendrez à M. Larcher; seulement, je regrette de ne pouvoir vous présenter moi-même chez lui, comme me le recommande M. d'Aguesseau; mais je vais vous donner pour lui un mot qui vous servira d'introduction, et vous direz à M. Larcher que, dès que j'aurai un instant à moi, j'irai le voir et m'informer s'il est content de vous. »

Il écrivit à la hâte un billet de quelques

lignes, y mit l'adresse, et le donna au jeune
Vauquelin, en lui recommandant de se rendre
sans délai chez le pharmacien; car la place
était assez recherchée, et d'un moment à l'autre
il pourrait arrêter un autre garçon.

Dix minutes après, Vauquelin entrait dans
la boutique de M. Larcher, et lui remettait le
billet du docteur. Quoique ce billet fût très-
laconique, l'apothicaire mit un certain temps
à le lire, comme s'il eût épelé chaque lettre;
c'est que, tout en faisant semblant de lire, il
regardait par-dessus ses lunettes la physionomie du nouveau venu, pour savoir sans
doute s'il lui convenait. Quant à Nicolas, il
ne s'occupait guère de la physionomie de son
futur patron; son attention était fortement
excitée par l'aspect de ces nombreux bocaux
de toutes grandeurs, de toutes formes, rangés
avec une parfaite symétrie tout autour de la
boutique, en même temps que par l'impression que faisaient sur ses nerfs olfactifs les
émanations odorantes des préparations offi-
cinales.

Cependant le premier coup d'œil du maître
parut lui être favorable. M. Larcher posa sur

son bureau la lettre du docteur, et il adressa quelques questions à Nicolas sur son pays, sur sa famille, etc. ; puis il lui dit : « Savez-vous lire ?

— Oui, Monsieur.

— L'impression et le manuscrit ?

— L'une et l'autre.

— C'est ce que nous allons voir. » En même temps il lui donna un livre dont il lui fit lire quelques lignes ; puis il lui donna des cahiers manuscrits d'une écriture fine, mais correcte. Nicolas s'en tira parfaitement.

« Maintenant voyons pour l'écriture ; pouvez-vous écrire sous la dictée ?

— Oui, Monsieur.

— Asseyez-vous à cette table. » Nicolas obéit ; le patron lui mit un cahier devant lui, et lui dicta un certain nombre de phrases. Après les avoir lues, il se contenta de dire sèchement : « C'est assez bien. » Puis, se tournant vers un jeune homme d'une vingtaine d'années qui était assis près d'une table sur laquelle était placé un gros livre, qu'il paraissait lire avec une grande attention, l'apothicaire lui dit : « Monsieur Berthal, conduisez

ce garçon dans le laboratoire ; indiquez-lui
sommairement la besogne dont il sera spécialement chargé ; vous lui donnerez ensuite un
tablier de service, vous lui ferez balayer le
plancher, essuyer avec précaution les meubles
et les instruments, entretenir le feu pour le
bain-marie ; puis vous viendrez me rendre
compte de la manière dont il se sera acquitté
de ces petits travaux : allez. »

Tout cela était dit d'un ton sec, froid, im-
périeux. M. Larcher était un homme de qua-
rante-six ans, d'une taille élevée, mais légèrement voûtée par l'habitude du travail. Sa
physionomie était froide et sèche comme ses
paroles, et, sans être précisément repoussante,
elle était peu sympathique. Son humeur était
assez égale, mais toujours sérieuse ; il ne s'emportait jamais, ne riait jamais, parlait peu,
et presque toujours du ton sentencieux d'un
oracle. Du reste, il était fort instruit, physi-
cien et chimiste distingué pour cette époque,
où ces sciences étaient à la veille de subir une
si grande transformation ; il était très-bon
professeur, et lorsqu'il donnait ses leçons à
ses élèves, s'il n'était pas verbeux, s'il sem-

blait, pour ainsi dire, avare de ses paroles, il était du moins, ce qui valait mieux, clair et méthodique.

Vauquelin, passablement déconcerté par l'accueil glacial que lui avait fait le patron, suivit assez tristement le jeune homme que M. Larcher avait nommé M. Berthal. C'était un élève interne attaché à la pharmacie. Ce jeune homme n'avait pas dit un mot pendant tout le temps que Nicolas était resté en présence de son patron, et notre pauvre villageois, jugeant qu'il ressemblait à ce dernier, se disait en lui-même : Mon Dieu ! au milieu de quels gens bourrus suis-je tombé ! Il ne tarda pas à être agréablement détrompé.

A peine eurent-ils pénétré dans le laboratoire, vaste pièce située au fond d'une cour qui la séparait de la boutique et de l'arrière-boutique, que Berthal, fermant la porte derrière eux, s'écria joyeusement : « A nous deux maintenant, mon garçon ; le patron ne peut pas nous entendre, causons à notre aise. Aussi bien, j'ai une démangeaison de parler telle, que je tomberais malade si je ne la satisfaisais pas. Ce n'est pas étonnant ; quand on reste

seul avec lui, on ne trouve pas moyen de
placer quatre paroles en·un jour. Il déteste les
bavards, et déjà deux fois il a failli me renvoyer parce qu'il trouvait que je causais trop ;
il a refusé aussi deux garçons qui s'étaient
présentés pour la place que vous allez occuper, parce que, lorsqu'il les a interrogés, ils
faisaient des réponses qui n'en finissaient pas.
Quant à vous, je suis sûr qu'il a été très-
content de vous ; aussi vous a-t-il reçu d'em-
blée.

— Ma foi, Monsieur, répondit Vauquelin,
mis tout à fait à son aise par le laisser aller,
l'air ouvert et le babil de son compagnon, si
M. Larcher a été content de moi, je ne m'en
suis guère aperçu.

— Il ne faut pas y faire attention ; c'est sa
manière : quand il ne dit rien, c'est qu'il est
satisfait. Ainsi, il a été très-content de votre
lecture et de votre écriture, et surtout de
vos réponses aux questions qu'il vous a adres-
sées.

— Mais je ne lui ai pas dit en tout dix paroles, tant je me sentais intimidé.

— Vous avez dit tout ce qu'il fallait dire,

rien de plus, rien de moins, et c'est ce qui l'a enchanté.

— Allons, il n'est pas si difficile que je croyais.

— Hum! hum! il n'est pas déjà si facile non plus; au fond, il n'est pas méchant; mais c'est un original, oh! un original comme on en rencontre rarement. Quand vous le connaîtrez mieux, vous m'en direz des nouvelles; mais ne perdons pas notre temps à bavarder, et occupons-nous de nos affaires. Otez d'abord votre habit, et endossez ce tablier à manches; puis prenez ce balai, et montrez-moi votre savoir-faire.

— Ma foi, Monsieur, dit Nicolas, j'avoue que j'ai quelquefois employé des balais de bruyère pour balayer la classe de notre école; mais je n'ai jamais vu de balais comme celui-ci, qui ressemble à une grosse brosse. » C'était, en effet, un balai de crin. Berthal prit en souriant le balai, montra à Nicolas comment il fallait s'en servir, et bientôt celui-ci fut aussi habile que son maître dans cet exercice.

Tout en balayant, Nicolas avait promené

ses regards autour de la pièce, et avait remarqué avec surprise une foule d'objets à
formes bizarres dont il ne pouvait soupçonner
l'usage. Quand M. Berthal eut trouvé qu'il
avait suffisamment balayé, il lui donna un
linge très-sec pour essuyer la poussière de
quelques-uns de ces objets qui l'intriguaient
si fort.

« Mais, Monsieur, demanda Nicolas, pourriez-vous me dire ce que c'est que toutes ces
machines-là, et à quoi cela peut servir ?

— Mon garçon, de ce côté, ce sont des
instruments de physique, et sur ces fourneaux,
de l'autre côté, ce sont des appareils pour les
opérations chimiques. Ce cylindre en cuivre,
supporté par deux colonnes de verre, terminé
d'un côté par une boule, et de l'autre par
deux branches de cuivre courbées en forme de
croissant, dont chaque extrémité, garnie d'une
pointe, est placée à une faible distance d'un
disque de verre, est ce qu'on appelle une
machine électrique ; cette autre, formée d'un
plateau sur lequel est adapté un globe de
verre, est une machine pneumatique ; ici, sur
ces fourneaux, voici des cornues, des matras,

des creusets, pour les opérations chimiques. Tous ces objets doivent être tenus constamment dans un état parfait de propreté, et en même temps il faut bien prendre garde de les détériorer ou de les casser, car quelques-uns sont très-fragiles. C'est là le plus difficile et le plus important de votre besogne.

— Oh! je tâcherai de m'en acquitter du mieux que je pourrai, dit Vauquelin, qui avait écouté attentivement les explications sommaires de Berthal, et qui restait encore tout ébahi à contempler ces objets merveilleux ; puis il poursuivit, comme se parlant à lui-même à haute voix : « Voilà donc ce qu'on appelle une machine électrique, et ceci une machine pneumatique, et ces vases à gros ventre et à long cou, comme des cigognes, ce sont des matras et des cornues...

— Tiens, reprit Berthal en souriant, est-ce que vous auriez par hasard entendu déjà parler de ces objets, que vous en retenez si facilement les noms?

— Personne ne m'en a parlé ; seulement, j'ai lu ces noms dans le Dictionnaire de M. Valmont de Bomare, qui en fait mention en différents endroits : mais j'étais loin de me faire une idée de la chose.

— Comment ! vous avez lu Valmont de Bomare ! Mais vous êtes donc un savant déguisé en paysan ? reprit Berthal en riant aux éclats.

— Je ne l'ai pas lu en entier ; j'en connais bien un volume seulement, et je n'ai fait que parcourir rapidement les autres. Malheureusement il y a un grand nombre de choses que je ne comprends pas, et dont je désirerais bien avoir l'explication. M. Larcher possède sans doute cet ouvrage ?

— Certainement ; il en a même plusieurs exemplaires des différentes éditions.

— Croyez-vous qu'il me permettrait de le lire et qu'il voudrait bien m'en expliquer les passages difficiles ?

— Oh ! pour cela, n'y comptez pas, mon garçon. D'abord, je ne vois pas quel moment vous trouveriez pour vous livrer à cette lecture ; car vos occupations ne vous laisseront pas un instant de liberté. Ensuite, eussiez-vous le temps de lire ce livre ou tout autre, ce ne serait pas de la bibliothèque du patron ; car il

ne prête ses livres à personne. Enfin, ne vous
avisez jamais de lui demander une explication
scientifique, ce serait assez pour vous faire
renvoyer.

— Me renvoyer parce que je lui aurais
témoigné le désir de m'instruire! est-ce possible?

— C'est comme j'ai l'honneur de vous le
dire.

— Comment! lui qui est si savant, et qui,
dit-on, enseigne si bien ce qu'il sait, il refu-
serait l'aumône d'un peu de sa science à un
pauvre diable comme moi?

— Vous avez dit le mot, mon garçon, reprit
Berthal en riant; oui, il est avare de sa science,
et n'en fait l'aumône à personne; il ne la
donne, ou plutôt il ne la vend, que contre de
beaux écus comptants aux élèves qu'il daigne
recevoir dans ce sanctuaire, c'est-à-dire dans
ce laboratoire; car c'est ici qu'il fait ses leçons
et ses expériences.

— Quel malheur! reprit tristement Nicolas;
moi qui n'ai recherché cette place que dans
l'espoir de pouvoir m'instruire dans la botanique, dans l'histoire naturelle, dans la phy-

sique, enfin, dans toutes ces sciences dont il
est question dans les livres de M. Valmont de
Bomare !

— Si c'est pour cela, mon pauvre garçon,
que vous avez quitté votre pays et que vous
êtes venu à Rouen, vous avez fait une fameuse
école !

— Ce n'est pas pour autre chose, et encore,
pour venir ici, j'ai refusé la place de suppléant
de l'instituteur de chez nous, avec l'espoir,
je pourrais même dire la certitude, de lui
succéder.

— Vous avez refusé cela? eh bien ! je vous
le déclare franchement, vous avez eu grand
tort. Maintenant que vous connaissez ce qui
en est, si vous voulez suivre un vrai conseil
d'ami, retournez dans votre pays, et reprenez
la place que l'on vous offre, place honorable
et qui a de la stabilité, tandis que l'emploi
que vous avez à remplir ici est très-pénible,
ne peut vous mener à rien, et que pour un
oui, pour un non, le patron peut vous renvoyer ; car depuis que je suis son élève, voilà
au moins sept ou huit garçons que je vois passer
dans le laboratoire. Sa réputation est même si

bien établie à Rouen sous ce rapport, qu'il ne peut trouver en ville personne pour remplir cette place, et c'est pour cela qu'il est obligé maintenant de chercher des sujets à la campagne. »

Vauquelin baissa la tête et resta quelques instants silencieux, plongé dans ses réflexions, et comme découragé et accablé par les paroles de M. Berthal ; mais bientôt, relevant la tête, il dit à l'élève, d'un ton qui marquait une résolution ferme et arrêtée : « Je vous remercie, Monsieur, du conseil que vous me donnez, et qui, j'en ai la conviction, vous est dicté uniquement par l'intérêt que vous me portez, quoique vous ne me connaissiez que depuis quelques instants ; mais qu'irais-je faire dans mon pays ? exercer la profession de maître d'école ? c'est-à-dire passer ma vie entière à enseigner à des enfants de huit à dix ans à lire, à écrire, à calculer ; puis recommencer sans cesse, pendant des mois, pendant des années : ce n'est pas là le sort que j'ai rêvé ; mon âme a soif de s'instruire, et il lui faut, pour se désaltérer, des sources plus larges et plus profondes. Je suis venu ici avec l'intention formelle de

chercher cette instruction dont j'ai besoin ; je
ne me laisserai pas rebuter par un premier
obstacle : si je ne puis me la procurer dans
cette maison, j'irai me présenter ailleurs, et,
avec l'aide de Dieu, j'atteindrai enfin le but
tant désiré. »

En parlant ainsi, la physionomie de Vauquelin s'était animée, ses yeux brillaient d'un
vif éclat ; il s'était, pour ainsi dire, transformé.
Le jeune élève en pharmacie, touché et émer-
veillé de tant de résolution et de fermeté, lui
dit en lui prenant la main, qu'il serra avec
cordialité : « Vous venez de dire, mon ami,
que je ne vous connaissais que depuis quelques
instants ; non, je ne vous connaissais pas du
tout. Je vous prenais pour un de ces petits
campagnards qui viennent en ville chercher
fortune, et qui s'imaginent que les cailles vont
leur tomber toutes rôties dans la bouche ; je
vous connais mieux maintenant : vous êtes
un noble cœur qui poursuivez un noble but,
et qui ne craignez ni fatigue, ni peine, pour y
arriver ; eh bien ! vous y arriverez, c'est moi
qui vous le dis. Je n'ai pas grand pouvoir ;
mais je vous y aiderai de tous mes efforts, et

4

vous pouvez compter sur moi en toute circonstance.

— Je vous remercie, Monsieur, répondit Nicolas avec un accent plein de reconnaissance; je vous remercie de vos offres de service, et je les accepte avec gratitude; dussé-je sortir dès demain de chez M. Larcher, je me féliciterai toujours de m'y être présenté, puisque ma courte apparition m'aura procuré votre connaissance.

— Mais non, mais non, il ne faut pas songer à sortir si promptement d'ici; il faut, au contraire, vous mettre résolûment à la besogne, comme si vous deviez rester indéfiniment. Je parlerai à mes camarades qui suivent les cours de M. Larcher en qualité d'élèves externes, et entre nous nous vous chercherons et nous vous trouverons une place plus convenable que celle-ci. Mais pour que ces messieurs s'intéressent à vous, il est bon qu'ils fassent votre connaissance; ce sera d'autant plus facile, que, comme garçon de laboratoire, vous êtes obligé d'assister à toutes les leçons qui se donnent ici même, et d'aider à certaines expériences de physique et à quelques opérations chimiques. Souvent même vous serez obligé, avant la leçon, d'aider, soit le patron, soit moi-même, à préparer certaines expériences ou opérations qu'il serait trop long de préparer pendant la leçon. Cela aura, en outre, l'avantage de vous familiariser avec ces divers instruments, et de vous exercer à certaines manipulations indispensables, de sorte que vous ne serez pas tout à fait novice quand nous vous présenterons dans une autre place. »

Vauquelin remercia de nouveau M. Berthal avec une effusion qui toucha le jeune homme. Ce qui charmait surtout Nicolas dans ce qu'il venait d'entendre, c'est qu'il assisterait aux leçons données par M. Larcher, qu'il pourrait ainsi en profiter, et acquérir enfin quelques notions de cette science, objet de tous ses désirs. Comme il exprimait cette dernière pensée à M. Berthal, celui-ci lui répondit en souriant : « Oh ! pour ce dernier article, mon cher ami, n'y comptez pas. Vous n'aurez guère le temps de prêter l'oreille aux paroles du maître, parce que vous serez sans cesse occupé à une foule de détails qui détourneront votre attention, tels que d'entretenir le feu des four-

neaux, de surveiller la marche de telle ou telle
opération, ou d'exécuter une foule d'ordres
que vous donnera le patron; ensuite, eussiez-
vous la faculté d'écouter sa leçon, vous ne
pourriez guère en profiter, car à peine com-
prendriez-vous son langage, rempli d'expres-
sions techniques et de mots scientifiques, pour
l'intelligence desquels il faut des connaissances préliminaires qui vous manquent. Nous-
mêmes, qui depuis longtemps sommes initiés
à ces connaissances, nous sommes obligés de
prendre continuellement des notes à mesure
que parle le maître; sans cela nous ne pourrions suivre l'enchaînement de ses idées, et
mettre convenablement sa leçon à profit. Ne
vous faites donc à cet égard aucune illusion,
et contentez-vous des quelques connaissances
pratiques que vous acquerrez, et qui vous
suffiront pour obtenir un emploi où vous aurez
peut-être plus de temps à vous pour étudier
sérieusement. »

Comme on le voit, Berthal cherchait à contenir l'ardeur du jeune Vauquelin, et à le
prémunir contre des illusions qui, en s'éva-
nouissant plus tard, pourraient le jeter dans

le découragement. Mais celui-ci ne se laissait pas facilement détourner d'une idée une fois entrée dans sa tête. Il répondit donc à Berthal : « Il est possible, ou plutôt il est certain, que je ne suis pas en état de profiter comme vous des leçons du maître ; mais j'espère toujours ramasser quelques bribes de la science qui vous est distribuée.

— Allons, je vois avec plaisir, mon jeune ami, reprit Berthal, que vous avez encore plus de courage et de bonne volonté que je ne vous en supposais. Avec de pareilles dispositions, quand on les soutient, on va loin. Eh bien ! nous vous verrons à l'épreuve. Je vous laisse ici, où vous allez achever de balayer et de nettoyer tout, et je vais rendre compte au patron, non pas de notre entretien, bien entendu, mais de la manière satisfaisante dont vous vous acquittez de vos fonctions. Vous ne reviendrez à la boutique que quand on vous sonnera. »

Nous n'avons pas besoin de dire que Berthal rendit à M. Larcher un témoignage des plus favorables sur le jeune Vauquelin. M. Larcher était déjà bien disposé pour lui, d'après le billet du docteur Raynaud, et ensuite de l'examen sommaire qu'il lui avait fait subir. Il le fit donc venir sur-le-champ, et, après lui avoir fait quelques brèves recommandations générales sur ce qu'il aurait à faire et sur la conduite qu'il devait tenir, il lui déclara qu'il l'admettait chez lui.

Avec la bonne volonté qu'il apportait dans ces nouvelles fonctions, Vauquelin fut bientôt au courant de sa besogne, et s'en acquitta à la satisfaction du patron et de ses élèves. Ceux-ci, c'est-à-dire les externes, prévenus par Berthal, ne tardèrent pas à s'intéresser vivement à leur nouveau garçon de salle. Bientôt il ne fut plus question de lui chercher un nouvel emploi, et lui-même ne demandait pas mieux que de rester chez M. Larcher : c'est qu'il avait trouvé enfin le moyen de satisfaire sa soif ardente d'apprendre.

Tout en s'occupant avec soin, pendant l'heure des leçons, de tous les minutieux détails qui étaient de sa compétence, personne n'écoutait plus religieusement les paroles du maître. Il ne pouvait pas prendre de notes comme les élèves ; mais son excellente mémoire y sup-

pléait. Le soir, avant de s'endormir, il repassait
dans sa tête toute la leçon qu'il avait entendue
dans la journée ; puis, comme on était dans
la belle saison, et qu'il avait coutume de se
lever de bonne heure, il quittait son lit dès la
pointe du jour, et, après une courte et fer-
vente prière, habitude qu'il conserva toute sa
vie, il se mettait à écrire des notes et à rédi-
ger de son mieux le résumé de la leçon de la
veille.

Au bout de quelque temps il montra son
travail à Berthal ; celui-ci le parcourut d'abord
avec curiosité, bientôt avec admiration. Il le
fit voir confidentiellement aux autres élèves ;
tous partagèrent sa surprise, et restèrent émer-
veillés de cette œuvre de courage, d'intelligence et de mémoire. Ils ne regardèrent plus
dès lors le jeune Vauquelin comme un simple
garçon exerçant un emploi de domesticité,
mais comme un camarade, un compagnon
d'étude, que son manque de fortune forçait,
pour s'instruire, à faire les sacrifices les plus
pénibles, à supporter les plus rudes privations
avec une patience et une résignation sublimes.
Tous, d'un commun accord, et avec cette gé-

nérosité qui caractérise la jeunesse, s'enten-
dirent pour lui venir en aide : les uns lui
prêtèrent des livres, les autres lui fournirent
leurs propres cahiers; les plus instruits se
chargèrent de corriger ses notes, et Berthal,
qui était de ceux-ci, s'obligea, chaque fois
qu'il en pourrait trouver l'occasion, à lui
donner de vive voix les explications dont il
pourrait avoir besoin, et à être, en quelque
sorte, son répétiteur.

Grâce à ces secours inattendus et à l'encouragement qu'il en ressentit, Vauquelin re-
doubla d'ardeur. Bientôt les leçons du maître
ne furent plus des énigmes pour lui, et les
opérations les plus compliquées de la chimie
lui parurent des jeux d'enfant. C'est ainsi que
se manifesta en lui un goût prononcé pour cette
science, à laquelle il devait faire faire par la
suite de si grands progrès.

Quinze mois après son arrivée chez M. Larcher, Vauquelin aurait pu figurer dignement
parmi ses meilleurs élèves, et cependant l'a-
pothicaire ne se doutait pas des connaissances
qu'avait acquises son garçon de laboratoire.
L'exactitude avec laquelle il remplissait ses

fonctions ne lui permettait pas de supposer
qu'il pût trouver un seul instant pour se livrer
à l'étude. Il avait seulement remarqué que
dans les diverses manipulations, soit chimiques, soit pharmaceutiques, il apportait une
dextérité qu'il n'avait rencontrée chez aucun
des garçons qu'il avait employés jusqu'alors;
mais il regardait cette adresse comme une
faculté naturelle que l'habitude et ses conseils
avaient développée, et qui n'était, après tout,
qu'une opération manuelle et purement mé-
canique. De là aux problèmes de la science, à
ses théories savantes et compliquées, il y a un
abîme à franchir, et il ne soupçonnait pas ce
jeune campagnard, sorti naguère de son village, d'avoir osé non-seulement contempler
cet abîme d'un œil investigateur, mais d'avoir
tenté de le franchir.

Cependant Vauquelin était mécontent de la
fausse position dans laquelle il se trouvait à
l'égard de son patron. Quoique son instruction ne lui causât aucun préjudice, puisqu'il
remplissait consciencieusement ses devoirs de
garçon de laboratoire, sa franchise éprouvait
une sorte de répugnance à lui cacher une partie

4*

de l'emploi de son temps, bien que ce temps
fût pris sur son sommeil, et non sur les heures
qu'il devait à son travail obligatoire. Nous
avons vu que lorsque Vauquelin avait formé
un projet dans sa tête, l'exécution suivait de
près sa pensée. Peut-être si son ami Berthal
eût encore été chez M. Larcher, l'aurait-il
consulté auparavant, sauf à ne pas suivre son
avis s'il n'eût pas été d'accord avec ses idées;
mais depuis quelques mois il était parti pour
le Havre, où il était placé à la tête d'une pharmacie que sa famille lui avait achetée. Celui
qui l'avait remplacé était un des externes du
cours de chimie, mais avec lequel il était beaucoup moins familier qu'avec les autres, de
sorte qu'il ne songea pas même à lui parler
de son projet. Il cherchait donc une occasion
favorable de mettre ce projet à exécution, lorsqu'il crut l'avoir trouvée un jour que M. Larcher, en lui payant son mois, lui dit, avec
sa brusquerie ordinaire et sans préambule:
« Vauquelin, je vous préviens qu'à compter
du mois prochain je vous augmenterai vos
gages de cinq livres.

— Merci, Monsieur, répondit Nicolas; mais

si vous vouliez accepter ma proposition, vous
ne me donneriez ni augmentation, ni gages à
l'avenir.

— Et quelle est cette proposition?

— C'est de me permettre, tout en remplissant ponctuellement mon service du laboratoire, comme je l'ai fait jusqu'ici, et même
mieux que je ne l'ai fait, parce que j'ai acquis
plus d'expérience, c'est, dis-je, de me permettre de suivre régulièrement le cours de
chimie, tel que vous le faites à vos élèves, et
de vouloir bien de temps en temps me donner
quelques explications...

— Quoi! que dites-vous? interrompit vivement l'apothicaire; vous, suivre le cours de
chimie? Cela ne se peut pas.

— Mais, Monsieur...

— Il n'y a pas de mais; je vous répète que
cela ne se peut pas. Un garçon de service ne
peut pas être en même temps un élève.

— Eh bien! Monsieur, depuis que je suis
à votre service, j'ai été votre élève à votre
insu, et cependant ce service n'en a pas souf-
fert, parce que j'ai pris sur mon sommeil le
temps que j'ai consacré à l'étude. Toutefois

cette espèce de dissimulation répugne à mon caractère. Depuis longtemps je cherchais une occasion de vous avouer la vérité, elle s'est présentée naturellement quand vous m'avez offert une augmentation de salaire; moi, à mon tour, je vous offre de faire gratuitement mon service comme par le passé; seulement, je vous demande en échange de suivre ouvertement vos cours.

— Ah! vous avez étudié la chimie à mon insu! je serais curieux de savoir quels progrès vous y avez faits.

— Vous pouvez en juger, Monsieur, répondit Vauquelin en lui remettant avec confiance un gros cahier qui contenait le résumé de ses leçons depuis plus d'un an, persuadé que l'examen d'un tel travail allait le disposer favorablement pour lui; mais l'apothicaire, après avoir parcouru le cahier, dit à Vauquelin, de son ton le plus flegmatique et le plus sentencieux : « Puisque vous connaissez la chimie, Monsieur, vous savez que deux corps hétérogènes ne peuvent pas former un alliage, c'est-à-dire, encore une fois, qu'un garçon de laboratoire ne peut pas être un élève

en pharmacie. » Puis, s'échauffant contre son
habitude, il ajouta avec une certaine anima-
tion : « Apprenez, Monsieur, que je vous paie
et que je vous nourris pour faire les différents
services de ma pharmacie, et non pas pour
étudier la chimie. Tenez, voilà le cas que je
fais de vos élucubrations. » Et, en disant ces
mots, il déchira le cahier de Vauquelin, et
lui en jeta les morceaux à la figure ; puis il
se rassit à son bureau, et se mit gravement
à écrire.

Vauquelin ne répondit rien ; il ramassa les
débris de son manuscrit, et sortit, le cœur
gros, de cette demeure inhospitalière, jurant
de n'y jamais rentrer. Il rencontra, à quelques
pas de la pharmacie Larcher, un des élèves
qui lui portaient le plus d'intérêt, et qui se
nommait Dubuc. Celui-ci, en s'apercevant
de son trouble, lui demanda ce qu'il avait.
Vauquelin lui raconta la scène qu'il venait
d'avoir avec son patron. « Ce que vous me
racontez, lui répondit Dubuc, ne me sur-
prend pas ; la seule chose qui m'étonne, c'est
que cela ne soit pas arrivé plus tôt, et que
vous soyez resté si longtemps chez cet ori-

ginal. Mais que cela ne vous tourmente pas;
vous ne devez pas être embarrassé de votre
personne, et je me fais fort, dès demain, de
vous trouver à Rouen une place meilleure que
la sienne. Cependant, si j'ai un conseil à vous
donner, c'est d'aller à Paris; là vous trouverez
mille moyens de développer les heureuses dispositions que vous avez reçues de la nature,
et de faire un chemin rapide, tandis que vous
ne ferez que végéter en province. En attendant que vous vous décidiez, je vous offre chez
moi l'hospitalité. »

Vauquelin avait déjà songé à aller à Paris,
et ce que venait de lui dire son ami ne faisait
que le confirmer dans ses idées. Il accepta
l'hospitalité si cordialement offerte, et, après
avoir causé de ses projets pour l'avenir, sa
décision fut prise irrévocablement. Seulement,
avant d'entreprendre ce grand voyage, il
voulut aller dire adieu à son père, à sa mère,
et aux personnes d'Hébertot qui s'intéressaient
à lui. Il partit à l'instant même, et le soir il
arrivait à Saint-André. Il fut reçu à bras ou-
verts par sa famille, qui croyait qu'il venait
reprendre la place d'instituteur; car le maître

Vatel les berçait de cette espérance, leur disant
qu'il n'était pas possible qu'un garçon intelligent et instruit comme l'était leur fils ne
préférât pas les fonctions honorables d'instituteur à l'état de domesticité où il se trouvait
à Rouen. Le père et la mère surtout parurent
mécontents quand Nicolas leur annonça le
motif qui l'avait fait quitter Rouen, et son
projet d'aller à Paris. Ils ne comprenaient pas
les raisons qu'il leur donnait de sa conduite à
l'égard de son patron, ni ses espérances d'a-
venir, et ils paraissaient peu disposés à donner
leur consentement à ce qu'ils appelaient une
nouvelle fantaisie de sa part.

Pour les décider, Nicolas leur dit : « Eh
bien ! je vais consulter sur mon projet M. le
curé, et je me conformerai à sa décision.

— Et nous aussi, » dirent ses parents.

Le bon curé de Saint-André écouta avec le
plus vif intérêt le récit que lui fit Nicolas, jusque dans ses plus petits détails, de son séjour
à Rouen. Il lui montra, comme preuve de son
travail, son gros cahier de notes, qu'il avait
recollé et rapiécé de son mieux. Enfin, après
un long entretien, le curé fut complétement

de l'avis du jeune Vauquelin, reconnaissant qu'à Paris seulement il pourrait trouver le moyen d'acquérir le complément de la science qu'il avait commencé à étudier d'une manière si laborieuse et si fructueuse en même temps. Le père et la mère Vauquelin ne firent plus d'objection dès que le curé leur eut parlé, et ils donnèrent leur consentement au départ de leur fils.

Nicolas voulut aller faire une visite au château avant de partir. M. d'Aguesseau était absent; il était allé aux eaux des Pyrénées pour chercher quelque soulagement à une maladie à laquelle il ne devait pas tarder à succomber. Mme d'Aguesseau reçut avec bonté notre jeune voyageur; après lui avoir donné, comme la première fois, de sages avis sur la manière de se conduire, et surtout lui avoir recommandé de conserver précieusement ses principes religieux, elle lui remit aussi, comme la première fois, deux écus de six livres, pour l'aider aux frais de son voyage, et ajouta quelques vêtements et du linge à sa garde-robe.

Le bon curé d'Hébertot donna à Nicolas une

lettre de recommandation pour le supérieur
du couvent des Prémontrés de Paris, et le
chargea en outre de lui remettre une somme
d'argent provenant des revenus d'une ferme
que cet ordre possédait dans les environs de
Saint-André; puis il l'embrassa cordialement,
lui donna sa bénédiction, et lui souhaita bonne
chance.

Après de tendres adieux faits à sa famille,
le jeune Vauquelin se mit gaiement en route,
bercé par ces rêves d'espérance que l'on forme
si facilement à seize ans.

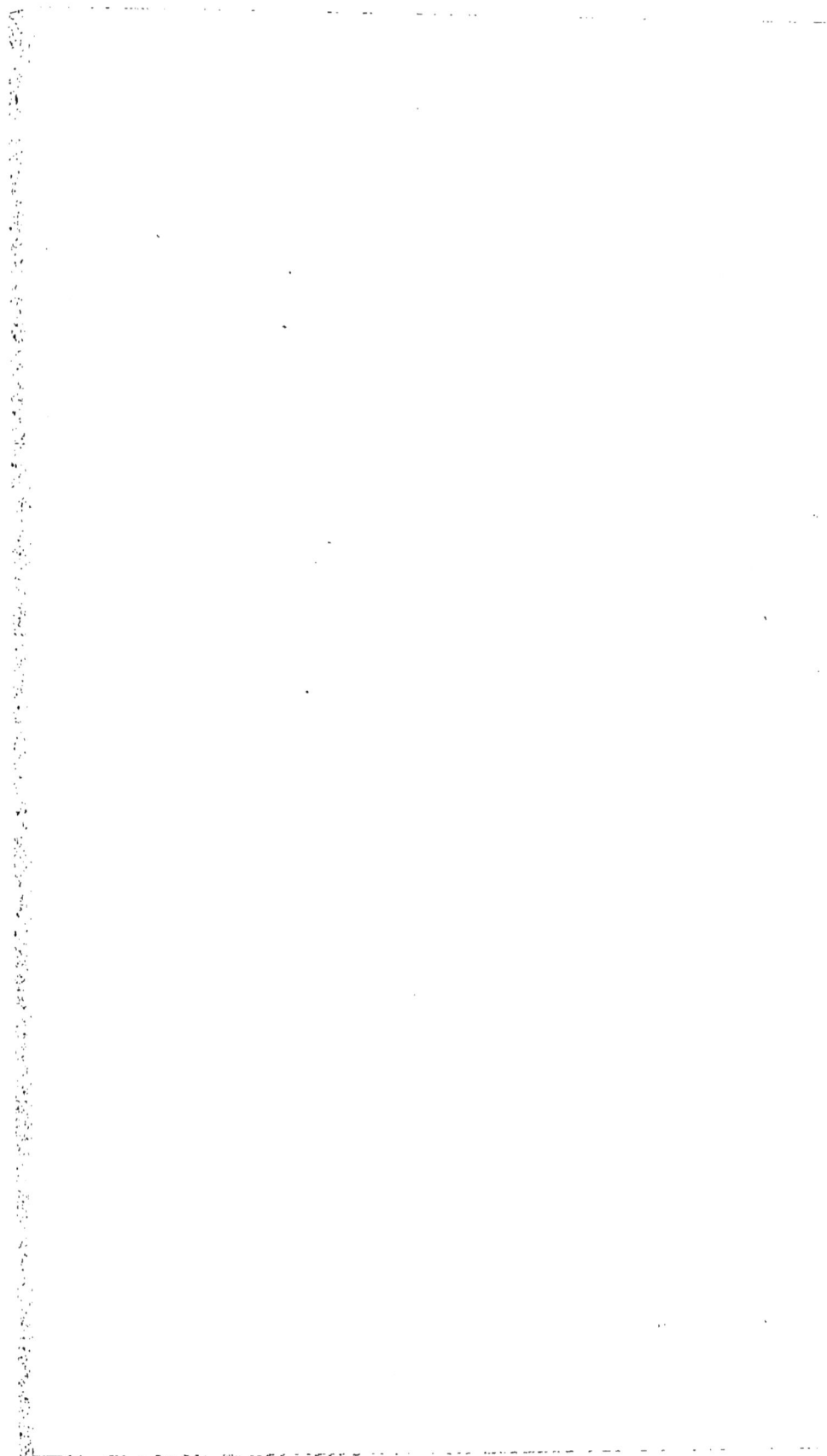

CHAPITRE IV

Vauquelin à Paris. — Ses succès.

A son arrivée dans la capitale, son premier soin fut de se rendre au couvent des Prémontrés pour se débarrasser le plus promptement possible du dépôt qu'on lui avait confié, et qu'il craignait à chaque instant de perdre, soit par accident, soit par l'adresse des voleurs dont on lui avait dit que Paris fourmillait.

Le vénérable prieur des Prémontrés fit un accueil empressé à Vauquelin; après avoir lu la lettre du curé de Saint-André, et compté l'argent qu'il lui envoyait, il dit à Nicolas :

« Je suis heureux de recevoir un des parois-
siens, un des enfants de mon digne ami le
curé de Saint-André; vous n'avez pas besoin
de vous occuper d'un gîte; vous trouverez
ici une hospitalité, sinon somptueuse, du
moins cordiale, jusqu'à ce que vous soyez
placé. »

Voilà donc Vauquelin installé au couvent
des Prémontrés. Quoi qu'en eût dit le bon
prieur, pendant les quelques jours qu'il resta
parmi les religieux, Vauquelin fut traité avec
une magnificence et une profusion dont il n'a-
vait jamais eu l'idée. Plus tard, lorsqu'il fut
devenu un personnage important, il aimait
parfois à raconter l'histoire des premières
années de sa vie, et, à l'occasion de son séjour chez les Prémontrés, il disait : « J'étais
si bien traité, que j'aurais été tenté de me
faire moine, si je n'avais résolu de devenir
chimiste. »

Sur la recommandation du prieur, il fut
reçu par un pharmacien de la rue Saint-
Honoré, nommé Picard, en qualité de garçon de laboratoire. C'étaient les mêmes fonctions qu'à Rouen; mais son nouveau patron,

loin de le troubler dans ses chères études, ne faisait que l'y encourager. Après deux années de séjour dans cette pharmacie, Vauquelin entra chez Aumaître, rue de Seine, où il avait plus de facilité encore que chez Picard pour travailler. Malheureusement Aumaître, pas plus que Picard, ne ménageait la force de ce jeune homme dont le tempérament n'était pas encore formé. Il abusait de la bonne volonté et du zèle de son garçon de laboratoire pour l'accabler d'ouvrage; bientôt les veilles et les fatigues altérèrent sa santé, et Aumaître, qui était célibataire, et ne pouvait le soigner chez lui, le fit transporter à l'Hôtel-Dieu.

Au bout de deux longs mois passés dans cet hôpital, il en sortit convalescent, mais non entièrement guéri. Il lui aurait fallu pour cela du repos et des soins particuliers; mais où les trouver dans cette immense cité où il ne connaissait, pour ainsi dire, personne? A tout hasard il se dirigea, ou plutôt il se traîna jusqu'à la boutique d'un pharmacien nommé Chéradame, dont un médecin de l'Hôtel-Dieu lui avait vanté la science, et surtout la bonté.

Arrivé dèvant la boutique, Vauquelin hési-
tait à entrer; le patron, l'apercevant et re-
marquant sa pâleur et son état de faiblesse,
le prit pour un malade qui avait besoin de
ses soins, mais qui n'osait les réclamer, peut-
être parce qu'il se sentait hors d'état de les
payer. Le respectable vieillard, car Chéradame avait plus de soixante ans, et une che-
velure blanche comme la neige ombrageait
sa tête, ouvrit aussitôt sa porte, et, touché de
compassion, il invita le jeune malade à entrer. Une dame d'un certain âge, vêtue de
deuil, était assise dans la boutique; sa figure,
empreinte d'une douce mélancolie et d'une
résignation toute chrétienne, annonçait une
personne que le malheur avait aussi frappée.
Encouragé par les questions pleines de bonté
du patron, et par quelques mots bienveillants
de la dame, Vauquelin leur raconta simple-
ment, naïvement, sa touchante histoire. Quand
il eut terminé son récit, le vieux Chéradame,
visiblement ému, tendit sa main au jeune
homme en s'écriant : « Quoi ! vous êtes de la
partie, presque un confrère, et vous hésitiez
à entrer chez moi! vrai, je ne vous le par-

donnerais pas, ajouta-t-il en souriant avec
bonté, si vous m'aviez connu; maintenant,
pour faire connaissance et que pareille chose
ne se renouvelle pas, écoutez-moi : j'ai besoin d'un élève laborieux et intelligent, vous
me paraissez remplir ces deux conditions; je
vous engage à rester avec nous, je mettrai ma
vieille expérience au service de votre bonne
volonté. »

Vauquelin croyait rêver. Cependant la franchise de son langage, d'accord avec ce qu'on
lui avait dit de la charité de ce digne homme,
ne lui permettait pas de douter de la sincérité
de ses offres. Il accepta donc avec une vive
reconnaissance, en se disant prêt à entrer en
fonctions.

« Non, non, s'écria Chéradame, vous n'êtes
pas encore prêt, et ce serait un meurtre que
de vouloir vous faire travailler dans l'état où
vous êtes. Il faut commencer par vous guérir,
et pour cela je vous abandonne aux soins de
Mme ma cousine, qui s'entend peut-être mieux
qu'une sœur de Charité à soigner les malades
et les convalescents. »

La personne dont parlait Chéradame était

la dame que Vauquelin avait remarquée en entrant dans la boutique. C'était une femme de quarante-cinq à cinquante ans; mais les malheurs qu'elle avait éprouvés l'avaient tellement vieillie, qu'on lui en eût aisément donné soixante. Elle était sœur de l'illustre Fourcroy, dont nous aurons bientôt occasion de parler. Elle avait été mariée à un négociant nommé Guesdon; après des pertes considérables dans le commerce, son mari était mort ruiné, et laissant sa veuve dans la misère. Heureusement elle avait trouvé dans la famille Chéradame, à qui elle était unie par les liens d'une proche parenté, une famille nouvelle, qui s'efforçait de lui faire oublier les chagrins du passé.

Les soins maternels de Mme Guesdon ne tardèrent pas à achever complétement la guérison de Vauquelin. Son cœur reconnaissant montra dès lors pour cette dame une tendre et filiale affection qu'il conserva toute sa vie, et qui s'étendit plus tard à Mme Bailly, autre sœur de Fourcroy qui, elle aussi, comme sa sœur, témoignait au jeune Vauquelin le dévouement et la tendresse d'une mère.

Une fois bien rétabli, Vauquelin recommença sa vie de travail et d'étude. Jamais il n'avait été si heureux, bien qu'il n'y eût pas pour lui un seul instant de repos ; mais ce qui redoublait son courage, c'est qu'il éprouvait alors une entière confiance dans l'avenir. Il n'était plus considéré comme un domestique ; il était élève en pharmacie, et il trouvait dans son patron un homme bienveillant, très-instruit, qui l'aidait de ses conseils, et qui, loin d'imiter son premier maître Larcher, mettait toute sa bibliothèque à sa disposition et le laissait feuilleter ses livres jour et nuit.

Mais, plus il avançait dans l'étude des sciences physiques et pharmaceutiques, plus il sentait qu'il avait besoin, pour y faire de plus grands progrès, de ces connaissances préliminaires, indispensables, dont lui parlait autrefois son ami Berthal. Ainsi il ne savait pas un mot de latin, et il se mit en tête d'apprendre cette langue. Un de ses camarades, nommé Prempain, élève aussi de Chéradame, lui en donna des leçons, dont Vauquelin sut bientôt profiter avec cette facilité qu'il ap-

5

portait dans tous les genres d'études. Dans
son ardeur d'apprendre, il mettait à profit
les moindres instants; il avait trouvé moyen
de faire servir à cette étude le temps qu'il
employait aux différentes courses qu'il faisait
pour la maison. En passant sur les quais, il
avait acheté d'un bouquiniste un vieux dictionnaire latin; il en déchirait les pages et
les apprenait par cœur tout en faisant ses
commissions. Bientôt il parvint à comprendre
la plupart des auteurs latins, et à en saisir
les beautés; de ce moment, la littérature
ancienne et moderne fut pour lui comme un
délassement de ses travaux scientifiques. Les
classiques latins et les classiques français lui
devinrent familiers. Horace et Virgile étaient
ses auteurs favoris; il finit par les posséder
complétement, et souvent il en faisait des
citations fort heureuses.

Une autre étude préliminaire, à laquelle il
n'avait jamais pu se livrer comme il l'aurait
désiré, quoique le goût lui en eût été inspiré
dès sa première jeunesse par la lecture de
l'ouvrage de Valmont de Bomare, c'était la
botanique. Il trouva encore, pendant son sé-

jour chez Chéradame, l'occasion d'étudier
cette science. Son ancien ami Dubuc, celui
qu'il avait rencontré à sa sortie de chez Larcher, et qui lui avait conseillé de se diriger vers
Paris, habitait aussi cette ville depuis quelque
temps. C'était un savant herborisateur, et il
était venu à Paris pour se perfectionner dans
l'histoire naturelle. Vauquelin le rencontra un
jour par hasard; ils renouvelèrent bientôt
connaissance : bref, Dubuc lui offrit de lui enseigner la botanique, et il accepta avec transport cette proposition. Bientôt tous les jours
de sortie de Vauquelin furent consacrés à des
herborisations aux alentours de Paris, faites
avec son ami. Il fit aussi de rapides progrès
dans ce genre d'étude, en y apportant cette
sûreté de coup d'œil qui devance l'analyse.

Pendant son séjour dans la maison de Chéradame, Vauquelin s'était fait aimer non-seulement de son patron, mais de toutes les
personnes de sa famille, par la douceur et
l'égalité de son caractère, la régularité de sa
conduite et la bonté de son cœur. Son patron
disait de lui : « Il est rangé comme une fille,
et studieux comme un bénédictin. » En effet,

on ne lui connaissait d'autre passion que la science, d'autre récréation que l'étude. Quand son esprit avait été trop longtemps fatigué par l'application qu'il avait apportée à la solution de quelque problème scientifique, il se reposait en lisant tantôt quelques pages de Fénelon ou des vers de Racine, tantôt quelques odes d'Horace ou un livre des *Géorgiques* de Virgile.

Parmi les habitués de la maison Chéradame, celui qui suivait avec le plus d'attention et d'intérêt les travaux de Vauquelin était Fourcroy, le frère de Mme Guesdon, le cousin du vieux pharmacien, qui préludait alors, par des publications et des cours particuliers très-suivis, à la célébrité à laquelle il ne devait pas tarder à arriver. L'influence qu'il exerça sur l'avenir de Vauquelin nous engage à entrer dans quelques détails biographiques sur cet illustre savant, dont nous aurons souvent occasion de reparler plus tard.

Antoine-François de Fourcroy était né à Paris, le 15 janvier 1755; son père, issu d'une famille noble, mais pauvre, exerçait la

profession de pharmacien, en vertu d'une
charge qu'il avait dans la maison d'Orléans;
mais, par suite des efforts de la corpora-
tion des apothicaires de Paris, cette charge
fut supprimée, et cette suppression entraîna
la ruine de la famille de Fourcroy. La mère
du jeune Antoine en mourut de chagrin, et
cette perte ne tarda pas à être suivie de
celle de son père. Le pauvre orphelin fut
recueilli par sa sœur aînée, Mme Bailly, qui
l'éleva avec la tendresse d'une mère jusqu'à l'âge où il put entrer au collége. Il fit
ses classes au collége d'Harcourt, mais sans
succès ; il en sortit à quatorze ans presque
aussi peu instruit qu'il y était entré. S'il eût
été riche, il en serait probablement resté là ;
mais l'adversité lui servit d'aiguillon, et lui
fit comprendre la nécessité du travail. Seulement il ne savait quel parti prendre. Après
avoir essayé du commerce, il entra dans les
bureaux d'une administration d'où il sortit
au bout de deux ans, parce qu'on lui avait
fait un passe-droit en faveur d'un nouveau
venu. Il allait retomber derechef dans son
incertitude sur le choix d'un état, lorsque,

heureusement pour lui, le célèbre Vicq-d'Azir,
membre de l'Académie des sciences, secré-
taire perpétuel de l'Académie royale de médecine, eut occasion de le connaître chez
Mme Bailly, sa sœur, où il s'était mis en pension. Ce savant eut bientôt reconnu de quelle
trempe était l'esprit du jeune Fourcroy. Il
le détermina à étudier la médecine et les
sciences qui s'y rapportent : telles que la
physique, la chimie, etc. Son ardeur fut telle
dans ses études scientifiques, que, deux années après, Fourcroy publia une traduction
de Ramazzini, sur les *Maladies des artisans*,
enrichie de notes et d'éclaircissements puisés
aux sources d'une chimie toute nouvelle. Cet
essai parut sous les auspices de la Société
royale de médecine, et commença la réputa
tion de Fourcroy. Cependant ce ne fut pas
sans difficulté qu'il parvint à se faire recevoir
docteur en médecine, par suite de l'antago-
nisme qui existait entre la faculté de médecine et la Société royale, dont Fourcroy était
le protégé; mais, par suite de cet esprit de
parti, il ne put obtenir le titre de docteur
régent, ce qui le privait du droit d'enseigner

dans les écoles de la faculté, comme il en
avait le désir. Mais il trouva bien d'autres
occasions de se dédommager amplement. Il
était devenu l'élève favori de Bucquet, le professeur de chimie alors le plus célèbre de la
capitale; souvent Bucquet le chargea de le
remplacer dans sa chaire, et il lui prêta même
un amphithéâtre pour faire des cours particuliers. La facilité, l'élégance de son langage,
son abondance, sa chaleur, sa clarté, la beauté
de sa voix, la vivacité de sa physionomie, en-
chantaient ses auditeurs, et attiraient souvent
à ses cours des hommes étrangers jusque-là
à la chimie, et qui finissaient par prendre
du goût pour cette science. L'éloquence du
jeune Fourcroy lui procura une réputation si
prompte et si générale, qu'à la mort de
Macquer, professeur de chimie au jardin du
Roi, arrivée en 1784, Buffon le nomma à cette
chaire.

En acceptant cette place importante, Fourcroy ne voulait pas abandonner ses cours particuliers; mais il avait besoin de quelqu'un
pour l'aider dans ses travaux. Il jeta naturellement les yeux sur Vauquelin, dont il avait

su apprécier le mérite. Il en parla à son cousin Chéradame et à sa sœur, Mme Guesdon;
ceux-ci lui firent le plus grand éloge du
jeune homme, parlèrent de son amour pour
l'étude, de son goût pour la chimie, et de
toutes les belles qualités de son cœur et de
son esprit, et conclurent en approuvant son
projet et en disant qu'il ferait difficilement
une meilleure acquisition. Restait à avoir le
consentement de Vauquelin; nous n'avons pas
besoin de dire avec quel empressement il accepta la proposition, surtout quand Chéradame, qui la lui avait communiquée, ajouta
avec bonté : « De cette manière, vous reste-
rez toujours dans la famille, et désormais
nous vous compterons comme un de ses
membres. »

Dès le lendemain, Vauquelin était installé
chez Fourcroy. Les avantages pécuniaires
qu'il trouvait dans sa nouvelle place étaient à
peu près les mêmes que ceux qu'il avait chez
Chéradame. Mais eussent-ils été inférieurs,
eussent-ils été nuls, qu'il n'eût pas hésité à
accepter la proposition de Fourcroy; car il
allait pouvoir se livrer exclusivement à la

science qu'il aimait, sans être détourné de
ses études par les mille détails vulgaires
qu'exige la tenue d'une boutique d'apothicaire, et qui absorbait la plus grande partie
de son temps. Puis, avantage immense, inap-
préciable, il allait, grâce à son nouveau patron, approcher quelquefois de ces savants
illustres dont la renommée était répandue
dans toute l'Europe, et avec lesquels Fourcroy se trouvait en rapport; peut-être par-
viendrait-il à s'en faire remarquer lui-même,
et ce serait pour lui le premier pas vers la
gloire.

En effet, la chimie était alors cultivée par
des hommes d'un mérite éminent, qui tirèrent
cette science de son obscurité et lui firent
faire les premiers pas dans cette série de progrès où elle a marché jusqu'à nos jours.
Parmi ces savants nous citerons Guyton de
Morveau, Lavoisier, Berthollet, Vicq-d'Azir,
Baumé, etc. Un mot sur chacun d'eux pour
satisfaire la curiosité de nos jeunes lecteurs.

Guyton de Morveau, né à Dijon en 1737,
était avocat général au parlement de cette

5*

ville; tout en remplissant les fonctions de sa charge, il s'occupait avec passion de l'étude de la chimie. Il découvrit le moyen de désinfecter les prisons et les hôpitaux en faisant des fumigations de chlore, qui furent longtemps connues sous le nom de *fumigations guytonniennes*. Il fut membre de l'Institut (Académie des sciences); il contribua à la fondation de l'École polytechnique, et y remplit lui-même une chaire; il fut nommé administrateur de la Monnaie, fonction qu'il remplit jusqu'en 1814. Il est mort en 1816.

Lavoisier, fils d'un riche négociant de Paris, naquit dans cette ville en 1743. Dès sa plus tendre jeunesse, il montra le goût le plus vif pour l'étude des sciences naturelles, et mérita, dès l'âge de vingt-cinq ans, d'être admis à l'Académie des sciences. Peu de mois après, il obtint une place de fermier général, et sut concilier ses recherches scientifiques avec les devoirs de sa place. On lui doit d'importantes découvertes qui changèrent la face de la science. Entre autres, il démontra en 1775 que la calcination des métaux, et en général la combustion des corps, est le produit de

la combinaison de l'*air respirable* (oxygène)
avec ces corps; il reconnut la composition
de l'eau, et la prouva par des expériences. En
même temps il rendait les plus grands services au commerce, en faisant des applications
utiles de ses connaissances; il améliorait la
fabrication de la poudre, perfectionnait l'a-
griculture, etc. etc. Malgré tant de titres à
la reconnaissance publique, il fut traduit au
tribunal révolutionnaire, condamné à mort,
et exécuté le 8 mai 1794.

Berthollet, né en 1748, fut un chimiste non
moins distingué que les deux précédents, ses
contemporains et ses amis. On lui doit la découverte d'une poudre fulminante qui porte
son nom. Il publia un très-grand nombre
d'ouvrages, dont le plus remarquable est la
Statistique chimique, qui aurait suffi pour l'il-
lustrer. Ce fut un des savants qui firent partie de l'expédition d'Égypte. L'empereur le
nomma sénateur en 1805; il devint pair de
France sous la restauration, et il mourut
en 1822.

Vicq-d'Azir était plutôt médecin que chimiste; nous n'en parlons ici que parce qu'il

était très-lié avec les savants dont nous venons de parler, et qu'il faisait ordinairement
partie de leurs réunions.

Baumé, moins célèbre que ceux qui pré-
cèdent, était pharmacien et chimiste. Il con-
sacra aux progrès de la science une fortune
acquise par son travail, et devint membre de
l'Académie des sciences. On lui doit un grand
nombre d'inventions utiles aux arts, plusieurs
procédés de teinture et de dorure; il parvint
à rendre les thermomètres comparables, et
inventa l'aréomètre qui porte son nom.

Lavoisier recevait chez lui, à des jours fixés,
les savants que nous venons de nommer, et
quelques autres encore; il en avait composé
une sorte d'aréopage auquel il soumettait,
depuis 1778, ses belles expériences sur l'acide
nitrique, l'acide sulfurique, l'acide carbo-
nique, l'air atmosphérique et l'eau. Dès 1782,
Fourcroy eut l'honneur de participer à ces
conférences. Vauquelin n'ignorait pas cette
circonstance, et c'était ce qui le rendait si fier
d'être le disciple d'un tel maître; aussi s'ap-
pliqua-t-il avec un redoublement de zèle à
étudier à fond la physique et l'histoire natu-

relle, et à se tenir constamment au courant
des découvertes de la science. Au milieu de
ces travaux incessants, il trouva le temps de
faire, sous la direction d'un vieux prêtre, une
année de philosophie, ce qui lui permit de se
faire recevoir maître ès arts, ce qui équivalait
à peu près au titre de bachelier ès lettres d'aujourd'hui.

Ce grade modeste, première récompense
du jeune savant, stimula son ardeur. Encouragé par son maître, devenu son ami, il publia quelques mémoires scientifiques, grâce
auxquels, et à la protection de Fourcroy, il
fut admis dans les réunions tenues chez Lavoisier. Il assista aux séances où, sur l'ini-
tiative de Guyton de Morveau, on jeta les
fondements de la nouvelle nomenclature chimique (1786-1787). Les travaux de Berthollet
et de Lavoisier complétèrent ce grand travail;
Fourcroy fut chargé d'en publier le résultat.
Il y travailla avec l'aide de Vauquelin, et termina son mémoire vers la fin de 1787. La
publication de cet ouvrage ajouta à la gloire
de Fourcroy, et commença celle de Vauquelin : car, bien que son nom ne parût pas sur le

titre, personne, parmi les savants, n'ignorait
la part qu'il avait prise à cette œuvre. D'ailleurs Fourcroy était loin d'en faire mystère,
et il était le premier à le publier.

Fourcroy était enchanté de son élève; il ne
lui trouvait qu'un défaut : c'était une timidité
excessive qui l'empêchait de parler en public.
Il entreprit de l'en débarrasser, et voici le
moyen qu'il employa. Un jour que Vauquelin
avait, comme il le faisait souvent, préparé les
matériaux et même les notes de la leçon que
Fourcroy devait faire à l'Athénée, celui-ci lui
dit : « Ma foi, mon cher, je me sens aujour-
d'hui un peu fatigué, vous devriez bien me
rendre un service : ce serait de faire cette
leçon à ma place.

— Oh! Monsieur, que me demandez-vous
là? jamais je n'oserais... »

Fourcroy insista de nouveau, et avec tant
d'instance, que, craignant de mécontenter son
protecteur, Vauquelin finit par céder, et, à
l'heure fixée, il se présenta tout tremblant
devant son auditoire.

Cette première leçon de celui qui devait
un jour devenir un si habile professeur fut

pleine de trouble, d'hésitation, et ce n'est qu'en balbutiant qu'il put exprimer les choses les meilleures et les mieux conçues, et ce n'est qu'à grand'peine qu'il put retrouver le sang-froid nécessaire pour continuer sa leçon jusqu'au bout. Toutefois ce premier pas l'enhardit ; se voyant soutenu par les marques d'approbation et d'encouragement que lui donnait l'assemblée, Vauquelin continua ses débuts et devint tout à fait le représentant de Fourcroy dans son cours de chimie à l'Athénée. Il montra dans ces fonctions, si nouvelles pour lui, de remplaçant d'un professeur justement aimé du public, tant de zèle et d'intelligence que, sans faire oublier son titulaire, il gagna l'estime et l'affection de tous ceux qui venaient s'instruire à son école.

Tout en faisant son cours à l'Athénée, Vauquelin ne cessait de publier des mémoires et divers travaux qui augmentaient de jour en jour sa réputation. Bientôt il fut compté au nombre des savants les plus renommés, et, une place étant venue à vaquer à l'Académie royale des sciences, Vauquelin fut élu à l'unanimité. Il ne jouit pas longtemps de ces honneurs ; il

fut le dernier membre admis à entrer à l'Académie royale : bientôt cet établissement fut
entraîné avec la monarchie elle-même par le
torrent révolutionnaire. L'Athénée, où Vauquelin faisait ses cours, ne fut pas épargné ;
ses portes furent fermées, les professeurs dis-
persés, et Vauquelin alla attendre dans la
retraite que le calme succédât à la tempête.

CHAPITRE V

Résumé des quarante dernières années de la vie de Vauquelin. (1789-1829).

Quelque temps avant d'être nommé membre de l'Académie des sciences, Vauquelin s'était fait recevoir pharmacien. Lorsque la révolution vint interrompre ses leçons et ses autres travaux, il songea à exercer cette profession, dont il avait fait un si rude apprentissage à Rouen. Le vieux Chéradame était mort, et sa pharmacie avait été vendue. Mme Guesdon était venue rejoindre sa sœur Mme Bailly, et toutes deux habitaient, rue Sainte-Anne, un petit appartement situé au premier étage d'une maison dont le rez-de-chaussée était occupé par la

pharmacie Goupil, une des plus renommées
de Paris. Le titulaire de cette pharmacie, ne
voulant plus ou ne pouvant plus l'exploiter
lui-même, cherchait un gérant pour la diriger.
Vauquelin, instruit de ce fait par les sœurs
de Fourcroy, se présenta et fut aussitôt agréé.
Il vint donc s'installer dans cet établissement,
et prit pension chez les sœurs de son ami,
« afin, disait-il, de rester toujours dans la
famille. »

Telle était cette retraite dont nous voulions
parler, et où Vauquelin espérait rester ignoré
pendant ces moments de troubles, et passer
son temps paisiblement à préparer des médi-
caments et à faire des expériences chimiques.
Nous verrons bientôt qu'il s'était trompé dans
ses prévisions; mais, avant de dire comment
il fut arraché de sa retraite et forcé d'accepter
des fonctions qu'il était loin de solliciter, nous
devons raconter un trait qui fait autant d'honneur à la bonté de son cœur qu'à son courage
et à sa présence d'esprit.

On était au 10 août 1792. Le canon et la
fusillade se faisaient entendre non loin de la
rue Sainte-Anne. Une populace en délire atta-

quait les Tuileries, et achevait de renverser le
trône de Louis XVI, déjà si fortement ébranlé.
Les habitants paisibles du quartier se tenaient
renfermés chez eux, tressaillant à chaque nouvelle décharge dont les explosions faisaient
trembler les vitres de leurs demeures. Toutes
les boutiques étaient fermées, excepté celle de
la pharmacie Goupil, dans laquelle Vauquelin
se promenait seul, en proie à l'inquiétude et
aux tourments que faisaient naître dans son
esprit les événements de cette terrible journée.
Mme Bailly et Mme Guesdon étaient assises dans
l'arrière-boutique; elles avaient engagé Vauquelin à fermer aussi sa boutique, car la rue
était sillonnée sans cesse par des groupes de
gens de fort mauvaise mine, capables de se
livrer à tous les excès; mais Vauquelin s'y
était refusé, disant qu'une pharmacie était
une ambulance permanente, qui devait être
constamment ouverte dans un pareil moment,
pour recevoir les blessés qui réclameraient ses
soins.

Cependant les décharges de l'artillerie et les
feux de peloton avaient cessé depuis quelques
instants; on n'entendait plus que quelques

coups de fusil isolés, comme ces coups de ton-
nerre lointains qui annoncent la fin d'un orage.
La bataille était finie, et le massacre des
vaincus commençait. Une foule ivre de fureur
égorgeait sans pitié les Suisses et les gardes
du corps qui avaient combattu pour défendre
l'entrée du château. Ceux de ces malheureux
qui cherchaient à s'échapper par les rues voi-
sines étaient poursuivis, traqués comme des
bêtes fauves, assommés ou fusillés jusque dans
les maisons où ils avaient cherché un asile.
Les gardes suisses, trahis par leur uniforme
rouge, pouvaient plus difficilement que les
autres éviter la fureur populaire. Cependant
l'un d'eux parvient à s'échapper ; le danger
l'anime, lui donne des ailes ; il fuit par la rue
de l'Échelle, atteint la rue des Moulins, pour-
suivi par une meute acharnée à ses pas. Au
moment d'être atteint, il fait un détour par une
de ces nombreuses petites rues qui sillonnent
la butte Saint-Roch, et, gagnant le coin d'une
autre rue, il parvient à dépister un instant ses
ennemis acharnés ; il fait quelques pas dans
cette rue, cherchant quelque porte ouverte où
il pourrait pénétrer : malheur ! tout est fermé

hermétiquement, et il entend les hurlements
des assassins qui approchent rapidement. Tout
à coup il aperçoit une boutique ouverte; c'est
une pharmacie, il s'y précipite, et demande à
genoux à l'homme qu'il y rencontre de lui
sauver la vie.

Nos lecteurs ont reconnu Vauquelin. D'un
coup d'œil notre savant a compris le danger,
et en même temps le devoir que l'humanité et
la religion lui imposent. Un moment d'hésitation pouvait tout perdre; pour lui, avec la
rapidité de l'éclair, son parti est pris, son plan
est formé et exécuté. Il appelle les sœurs de
Fourcroy, les prie de garder la boutique,
tandis qu'il va un instant dans son laboratoire
avec la personne qu'il leur désigne de la main.
Ces dames ont compris qu'il va chercher à
sauver la vie d'un malheureux; mais elles ne
connaissent pas son projet, et elles s'asseyent
tremblantes, attendant dans une mortelle inquiétude ce qui va se passer.

Cependant Vauquelin, arrivé dans son laboratoire, fait ôter à la hâte ses vêtements au
soldat, en fait un paquet qu'il jette dans un de
ses fourneaux allumés; en même temps il lui

donne un pantalon de toile bleue, une blouse de travail passablement maculée, lui attache un tablier par-dessus, lui met un lourd pilon de fonte à la main, et, le plaçant devant un énorme mortier, il lui recommande de frapper à tour de bras les substances qu'il vient d'y placer, jusqu'à ce qu'elles soient écrasées et pulvérisées. Le pauvre diable obéit de son mieux, et les coups redoublés de son mortier font un vacarme étourdissant qui se fait entendre jusque dans la rue.

Tout cela s'était fait dans moins de temps qu'il ne nous en a fallu pour l'écrire. Vauquelin, plus tranquille, rentre dans sa boutique en laissant ouverte la porte du laboratoire, de manière qu'on peut apercevoir ce qui s'y passe. « Vous voyez, Mesdames, dit-il avec le plus grand sang-froid, j'ai là un garçon de laboratoire bien laborieux. » Puis il leur raconta ce qu'il avait fait, et comment il s'y était pris pour faire disparaître ce qui pouvait faire reconnaître le malheureux fugitif.

Cependant les assassins avaient perdu sa trace; ils rôdaient dans le voisinage comme ces chiens qui cherchent la piste du gibier qui leur a échappé. Deux ou trois de ces hommes, légèrement blessés, entrèrent dans la pharmacie pour se faire panser. Vauquelin et les deux dames s'empressèrent de leur donner leurs soins ; ils se retirèrent en remerciant le citoyen et les citoyennes, sans soupçonner que le grand gaillard qu'ils avaient aperçu au fond du laboratoire, et qui s'escrimait si vaillamment et surtout si bruyamment avec son mortier, était précisément le soldat suisse qu'ils cherchaient. Après cette alerte on n'eut plus de nouveaux sujets de craindre. La nuit venue, le garde suisse, sous un nouveau déguisement, put gagner sans difficulté une maison amie, où il resta caché jusqu'à ce qu'il pût retourner dans son pays.

Deux mois après cet événement, Vauquelin fut nommé commissaire des poudres et salpêtres dans un certain nombre de départements. C'était sa réputation de savant chimiste qui lui avait valu cette *faveur*, qu'il était loin d'ambitionner. Fort étonné qu'on lui donnât un emploi qu'il n'avait pas demandé, et qui allait le forcer de quitter ses travaux habituels, il voulut faire des réclamations. Il s'adressa à

un membre de la Convention, qui lui répondit
sèchement : « Citoyen Vauquelin, tu dois re-
garder comme un honneur et comme un devoir
de mettre tes connaissances chimiques au service de la patrie. Pars, fais-nous du salpêtre,
ou je t'envoie à la guillotine. »

Vauquelin ne pouvait être tenté de résister
à une invitation aussi gracieuse. Il se rendit
immédiatement au ministère pour recevoir ses
instructions, et dès le lendemain il se mit en
route. Du reste, il remplit en conscience et
avec talent la mission qui lui était confiée, et
pendant environ dix mois qu'il mit à parcourir
les départements qui formaient la circonscrip-
tion de son commissariat, il en fit sortir des
quantités immenses de salpêtre pour alimenter
les fabriques de la capitale.

Las de cette vie errante, il obtint, par l'in-
termédiaire de Fourcroy, une place plus séden-
taire. Il fut nommé pharmacien de l'hôpital
militaire de Melun. Il resta dans cette place
pendant tout le temps de la Terreur. Après le
9 thermidor, lorsque le Directoire réorganisa
l'instruction publique, on forma, d'après les
idées et sur les plans de Monge, de Berthollet,

de Guyton de Morveau et de quelques autres savants, l'*École centrale des travaux publics,* qui, un an après (septembre 1795), prit le nom d'*École polytechnique,* qu'elle a conservé jusqu'à nos jours. Guyton de Morveau et Fourcroy furent chargés de chacune des deux divisions dont se composait le cours de chimie. Fourcroy fit nommer Vauquelin professeur adjoint et répétiteur de son cours. Nous n'avons pas besoin de dire avec quel empressement il quitta Melun et accourut à Paris pour répondre à l'appel de son ami.

A peu près à la même époque, on réorganisa l'École des mines, projetée par le cardinal de Fleury, et qui n'avait été instituée qu'en 1783, puis désorganisée pendant la Terreur. Vauquelin reçut le titre d'inspecteur des mines, et fut chargé de faire dans cette école un cours de *docimasie* (1). Les travaux qu'il fit paraître alors sur les substances minérales le mirent au premier rang des chimistes de l'Europe.

_____

(1) La docimasie ou docimastique est, en chimie, l'art de déterminer, par des essais en petit et variés, la nature et la proportion du métal contenu dans un minerai.

6

Vauquelin avait son logement dans l'École même des mines. Pour la première fois, lui qui avait toujours logé chez les autres eut un appartement à lui. Plein de reconnaissance des bontés qu'avaient eues pour lui les sœurs de Fourcroy, il disposa de la plus grande partie de son appartement en faveur de ces deux dames, qui vinrent demeurer avec lui, et ne le quittèrent qu'à leur mort; heureux d'être à son tour le bienfaiteur de celles qui avaient été si longtemps ses bienfaitrices.

A l'organisation de l'Institut, il fut nommé membre de la classe des sciences. En 1801, Darcet, professeur de chimie au collége de France, étant mort, Vauquelin fut nommé à cette chaire.

En 1804, lorsque l'ordre de la Légion d'honneur, créé en 1802, reçut l'extension que lui donna l'empereur Napoléon, Vauquelin en reçut la décoration. Plus tard, créé chevalier de l'Empire et obligé de fonder un majorat, il eût, par son blason, rappelé à sa postérité, s'il avait eu des enfants, l'origine de sa noblesse et quel genre de gloire l'avait illustré; ses armoiries : *une croix d'honneur entre trois creusets d'or sur champ d'azur.*

En 1804, il fut aussi nommé directeur de l'École spéciale de pharmacie, qui venait d'être organisée. A la même époque encore, il fut attaché à la Monnaie de Paris en qualité d'essayeur de la garantie des bijoux d'or et d'argent.

Peut-être quelques lecteurs trouveront-ils que, pour un savant jusque-là si modeste, Vauquelin accaparait pour sa part un nombre assez considérable d'emplois, ce qui ne prouverait pas en faveur de son désintéressement D'abord, nous ferons remarquer que plusieurs de ces emplois, notamment les deux derniers, étaient plus honorables que lucratifs; ensuite, ce n'était pas lui qui recherchait ces emplois : on les lui donnait souvent sans le consulter, et parce qu'on le jugeait plus capable qu'un autre de les remplir.

Lorsqu'il sollicitait une place, ce n'était pas l'appât des appointements attachés à cet emploi qui le tentait, mais le sentiment de sa capacité pour la remplir d'une manière convenable et surtout utile. Ainsi, lorsque la mort

de Brongniart, oncle du savant minéralogiste,
laissa vacante, au jardin des Plantes, la chaire
de chimie appliquée aux arts, il demanda et
obtint cette chaire, sur la présentation una-
nime de l'Institut, de l'administration et des
inspecteurs des études, quoiqu'il fût obligé,
pour remplir cet emploi, d'abandonner celui
qu'il avait au collége de France, et qui était
beaucoup mieux rétribué; mais il pensait pouvoir rendre de plus grands services à la classe
ouvrière au jardin des Plantes qu'au collége
de France, dont les cours ne sont suivis que
par des savants ou des gens du monde ama-
teurs de science.

Ce cours de chimie appliqué aux arts, auquel le nouveau professeur apporta le tribut
des connaissances étendues que lui avaient fait
acquérir ses longues études et ses savantes
recherches, et dans lequel on recevait de sa
bouche un enseignement qu'on ne trouvait
dans aucun ouvrage connu, avait une durée
de trois ans, et offrait le plus grand intérêt
aux personnes instruites, aux chefs d'ateliers,
aux fabricants de certains produits, qui le
suivaient assidûment. Malheureusement pour

la science, ce cours, souvent improvisé par le professeur, n'a été qu'imparfaitement recueilli par quelques auditeurs, et n'a jamais été publié.

Vauquelin remplit ces fonctions jusqu'à la mort de son ami Fourcroy, arrivée subitement le 16 décembre 1809. Après le 18 brumaire, Fourcroy avait été appelé au conseil d'État par le premier consul, et il y resta jusqu'à sa mort. Il y fut principalement employé à la rédaction des règlements et des projets de lois relatifs à l'instruction publique; il fut même nommé, en 1801, à la direction générale de cette partie de l'administration, sous l'autorité du ministre de l'intérieur. C'est à ses soins que l'on dut l'érection des trois écoles de médecine de Paris, de Montpellier et de Strasbourg; celle de douze écoles de droit, d'environ trente lycées, et de plus de trois cents collèges communaux. Lors de l'établissement de l'université, il avait espéré en devenir grand maître, et, en voyant cette dignité conférée à un autre, il éprouva un profond chagrin, qui, dit-on, contribua sensiblement à sa mort.

Cette perte causa à Vauquelin une douleur
d'autant plus grande, qu'elle ravivait celle que
lui avait fait éprouver la mort de ses propres
parents et de ses parentes adoptives, les deux
sœurs de son ami, qu'il avait perdus succes-
sivement dans les dernières années.

Malgré ses fonctions de conseiller d'État et
de directeur de l'instruction publique, Fourcroy était toujours resté titulaire de la chaire
de chimie à la faculté de médecine de Paris.
Cette place ne pouvait être donnée qu'au concours, et il fallait pour la remplir être reçu
docteur en médecine. Lorsque le concours fut
ouvert, Vauquelin s'y présenta, quoiqu'il n'eût
pas le titre de docteur ; « mais, dit Pariset,
il en était digne par des connaissances médi-
cales que n'ont pas toujours les médecins de
profession. » Aussi, dès qu'il se présenta pour
le concours, il eut, sans combattre, la gloire
de triompher ; car tous ses concurrents se retirèrent, comme devant un lutteur contre lequel
ils ne se sentaient pas de force de jouter. Il fut
donc admis sans difficulté ; seulement, avant
d'entrer en fonction, il se fit recevoir docteur
en médecine, sur le développement d'une thèse

ayant pour objet l'analyse de la matière cérébrale, considérée dans l'homme et chez les
animaux.

Vauquelin exerça cet emploi, de la manière
la plus distinguée, jusqu'en 1822, c'est-à-dire
pendant douze ans. A cette époque, il fut
compris dans la mesure violente qui frappa
la faculté de médecine tout entière ; cette
école fut licenciée, et tous les professeurs ré-
voqués. Vauquelin partagea cette disgrâce
avec plusieurs de ses illustres confrères, de
Jussieu, Dubois, Pelletan, Pinel, Desgenettes,
Chaussier, Lallemand, le Roux et Moreau.
Cette disgrâce si peu méritée, et due sans
doute à l'esprit de réaction qui dominait alors,
affecta profondément Vauquelin ; mais elle
affecta peut-être plus encore celui qui en
avait été la cause : car, au dire de quelques
personnes, le chagrin qu'il en ressentit altéra
sa santé, au point de hâter l'instant de sa
mort, qui précéda celle de Vauquelin.

Lors de la création de l'Académie royale
de médecine (1820), Vauquelin en avait été
nommé membre (section de pharmacie), et

souvent cette docte assemblée eut à s'applaudir de cette nomination.

En 1827, le roi Charles X lui conféra le
cordon de l'ordre de Saint-Michel. Enfin,
en 1828, ses concitoyens lui donnèrent une
marque de l'estime qu'ils lui portaient : le
collége électoral de Lisieux l'élut député du
Calvados. Il remplit en conscience le mandat
qu'il avait accepté, et il fut un des membres
qui se distinguèrent par leur assiduité. Il
n'était pas orateur; mais son esprit droit et
élevé, son ardent désir de voir le progrès
s'accomplir sans désordre et sans anarchie,
son dévouement sans bornes aux intérêts de
son pays, en faisaient un digne et loyal député.

Cet homme, si supérieur et si recomman-
dable par son mérite et ses talents, était
simple et modeste; sa vie était celle d'un
patriarche. La lecture et le travail occupaient
tous ses instants; cependant l'amour de la
science n'avait pas absorbé toutes les facultés de son esprit, et nous avons déjà dit que
la littérature ancienne et moderne était pour
lui pleine de charme; il avait également pour

la bonne musique un goût prononcé, que son ami et compatriote Boïeldieu n'avait pas peu contribué à entretenir.

Il avait toujours conservé l'amour du pays natal; dès qu'il eut atteint une position indépendante, il ne manquait jamais, aussitôt que ses occupations lui laissaient quelques jours de liberté, de se rendre à Hébertot, et de passer quelques doux instants au sein de sa famille. C'était un bonheur pour lui de promener sa vieille mère dans les environs de Saint-André, d'aller s'agenouiller au pied de l'autel où il avait fait sa première communion, de visiter la classe où il avait appris à épeler sous la férule de maître Vatel.

Après la mort de ses parents, ses visites à son pays natal devinrent beaucoup plus rares, malgré l'accueil empressé qu'il recevait de tous les habitants du pays. Cependant, après sa nomination à la chambre des députés, il ne crut pouvoir se dispenser d'aller remercier ses électeurs. Du reste, sa santé, profondément altérée, exigeait du repos, et les médecins lui conseillèrent l'air natal. Il retourna donc dans son village au mois d'août 1829.

6*

Le nouveau propriétaire d'Hébertot, M. Du-
hamel, le força d'accepter l'hospitalité du
château pour y recevoir tous les soins qu'exigeait son état. Ces soins produisirent d'abord
les plus heureux effets; sa santé semblait s'a-
méliorer peu à peu, mais régulièrement, lorsqu'un jour, par un temps froid et pluvieux,
il se hasarda à faire une promenade à cheval.
A son retour, la fièvre le prit; il se mit au
lit pour ne plus le quitter. Il succomba le
14 novembre 1829, emportant les regrets de
tous ceux qui avaient eu le bonheur de le
connaître, et surtout de ses nombreux élèves
qui l'aimaient comme un père. Il en est peu
qui n'aient trouvé en lui un appui et un protecteur. Nous citerons à cette occasion une
anecdote à laquelle le personnage qui y
donna lieu ajoute un certain intérêt.

« En 1808, l'empereur Napoléon, après
le désastre de Baylen, ordonna que les Espagnols résidant à Paris fussent arrêtés immédiatement et internés dans diverses villes
des départements. L'exécution suivit l'ordre
de près, et environ soixante Espagnols furent

arrêtés et conduits à la préfecture de police pour être de là dirigés sur différents dépôts. L'un d'eux, qui n'était venu à Paris que pour étudier la médecine et les sciences qui s'y rattachent, et qui suivait avec assiduité et le plus grand succès le cours de chimie de Vauquelin, n'ayant dans la capitale aucun répondant, aucun protecteur sur lequel il pût compter, réclama l'appui de son professeur. Dès le lendemain matin, avant six heures, Vauquelin, en costume de l'Institut, était à la préfecture de police, obtenait une audience du préfet, réclamait le jeune Espagnol comme son élève, se portait garant de sa conduite, et obtenait immédiatement sa liberté. Sans cet empressement que mit le généreux professeur à s'occuper du jeune étranger qui réclamait son assistance, la France et l'Europe auraient peut-être compté un illustre savant de moins; car ce jeune homme était Orfila, qui s'est acquis depuis une réputation européenne (1). »

(1) Matthieu-Joseph-Bonaventure Orfila, né à Mahon (île Minorque) le 24 août 1787, n'a plus quitté la France depuis cette époque; il s'est fait naturaliser Français, et a remplacé Vau-

Vauquelin a formé un grand nombre d'é-
lèves non moins distingués qu'Orfila, entre
autres, MM. Bouchardat, Chevreul, Payen,
Thénard, etc.; on peut joindre à ces noms
celui du savant et illustre Humboldt, qui suivit
longtemps ses leçons.

Il est peu d'hommes dont la carrière ait été
aussi fructueusement remplie que l'a été celle
du savant dont nous racontons l'histoire; il
en est peu surtout dont les recherches et les
travaux aient autant contribué aux progrès
d'une science sur laquelle repose le succès
d'une foule d'industries. Suivant l'expression
de Cuvier, « il était tout chimiste; chimiste
chaque jour de sa vie et pendant la durée de
chaque jour. » Il n'avait pas l'éloquence de
Fourcroy; mais il avait une science immense
et la modestie qui relève encore l'éclat de la
science.

Vauquelin n'a pas laissé d'ouvrages com-
plets sur la science à laquelle il a consacré sa
vie entière; mais plus de deux cent cinquante

quelin dans la chaire de l'École de médecine lors de la réorga-
nisation de cette école, après le licenciement de 1822. — Il est
mort en 1853.

mémoires épars dans les *Annales de chimie*,
dans le *Journal des mines*, dans les *Annales
du Muséum*, dans le *Journal de physique*, etc.,
attestent sa science profonde et son ardeur
pour l'étude.

FIN

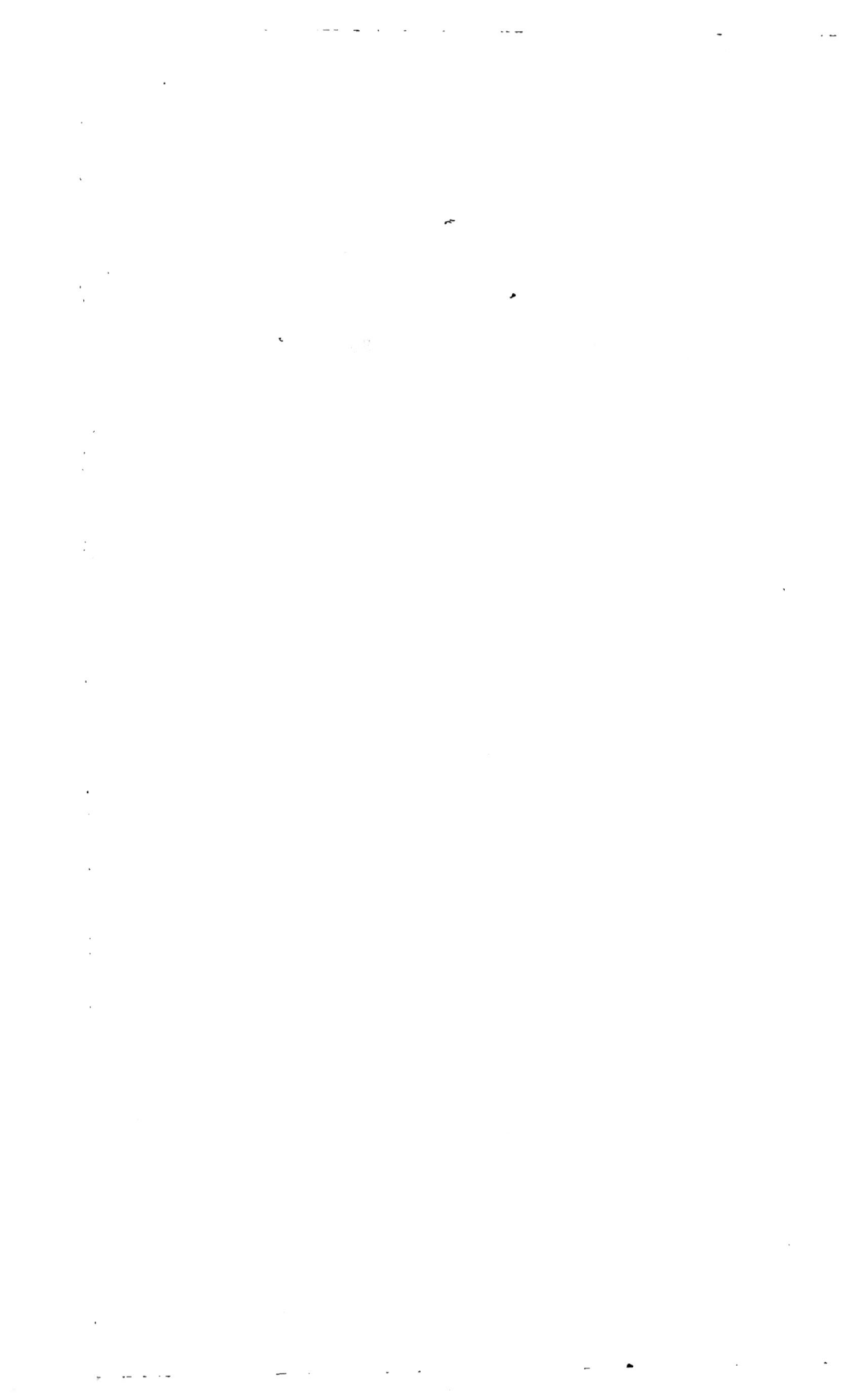

APPENDICE

Nous extrayons d'un article inséré par M. Armand Vauquelin dans la *Nouvelle Biographie générale* (1) les renseignements suivants sur les travaux de Louis-Nicolas Vauquelin.

« Aucun savant de son temps n'a mieux que Vauquelin servi la science par ses travaux. Suivant l'expression de Cuvier, « il était tout chimiste, chimiste chaque jour de sa vie, et pendant la durée de chaque jour. »

« Ses différents cours ont formé un grand nombre d'hommes distingués, tels que Chevreul, Orfila, Payen, Kœchlin, Bouchardat, etc.; ses recherches d'analyse immédiate ont ouvert la voie à Pelletier, Caventou, Robiquet et Braconnot. Dans l'analyse des minéraux, il s'est associé à Fourcroy et à

(1) Éditée par MM. Didot.

Haüy, et il a signalé un des premiers de
nouvelles substances élémentaires ; son nom
demeurera attaché à la découverte, faite
en 1798, du chrome et de la glucine.

« Parmi les services qu'il a rendus à l'hy-
giène et à l'industrie, il convient de rap-
peler ses observations touchant l'action du
vin, du vinaigre, de l'huile, sur les vases
de plomb et d'étain, ainsi que ses expériences sur les fers, les aciers, le plomb, sur
l'eau de couleur des bijoutiers, sur la fabrication du laiton, de l'alun, de la cendre gra-
velée.

« Il a soumis à l'analyse un grand nombre
de plantes, dont il a déterminé les principes
immédiats, travail qui l'a conduit a découvrir l'asparagine, avec Robiquet ; il reprit
seul d'abord, puis en compagnie d'un Por-
tugais éclairé, M. Correa de Serra, les expériences que Deyeux avait tentées sur la séve
des végétaux, et publia les résultats qu'il avait
obtenus de celle de l'orme, du bouleau, du
hêtre et du charme. » Il a fait de même des
recherches dans le règne animal.

« Une longue habitude des expériences

avait conduit Vauquelin aux moyens les plus simples de les faire. Un corps nouveau lui était-il présenté, il le décomposait par les sens avant de le décomposer par les réactifs, et presque toujours cette seconde analyse ne faisait que confirmer la première ; semblable en ce point, comme en beaucoup d'autres, à l'illustre Scheele, avec moins de vigueur d'esprit peut-être, Vauquelin avait la même netteté. Uniquement occupé des faits, il y voyait une variété qui le rendait circonspect sur les conséquences. Lavoisier était créateur, Fourcroy apôtre, Vauquelin disciple (1). »

« Outre ses nombreux mémoires (soixante en communauté avec Fourcroy, et cent quatre-vingts seul), publiés dans les *Annales de chimie*, le *Journal des mines*, les *Annales du Muséum*, le *Journal de physique*, l'*Encyclopédie méthodique*, le Recueil de l'Académie des sciences (2), Vauquelin a laissé les ouvrages suivants :

(1) M. Pariset.
(2) La liste détaillée de ces *Mémoires* se trouve dans *la France littéraire* de Querard.

Instruction sur la combustion des végétaux et sur la manière de saturer les eaux salpêtrées; Tours, 1794, 1799, 1803, in-4°.

Expériences sur les séves des végétaux; Paris, 1798, in-8°.

Réflexions sur le mémoire de M. Deschamps, pharmacien, Sur les extraits; Lyon, 1799, in-8° : Deschamps répliqua dans la même année.

Analyse de la matière cérébrale, thèse; Paris, 1811, in-4°.

Manuel de l'essayeur, approuvé par l'administration des monnaies; Paris, 1812, in-8°, et 1835, in-18, avec beaucoup d'additions par Vergnaud.

Thèse sur les opérations chimiques et pharmaceutiques; Rouen, 1820, in-4°.

On peut consulter, sur le rôle scientifique de Vauquelin, les ouvrages dont les titres suivent :

Cuvier, *Éloges.*
Pariset, *Histoire de l'Académie de médecine.*
Hœfer, *Histoire de la chimie.*

TABLE

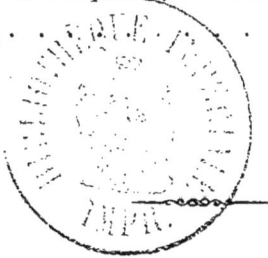

Tours, impr. MAME.

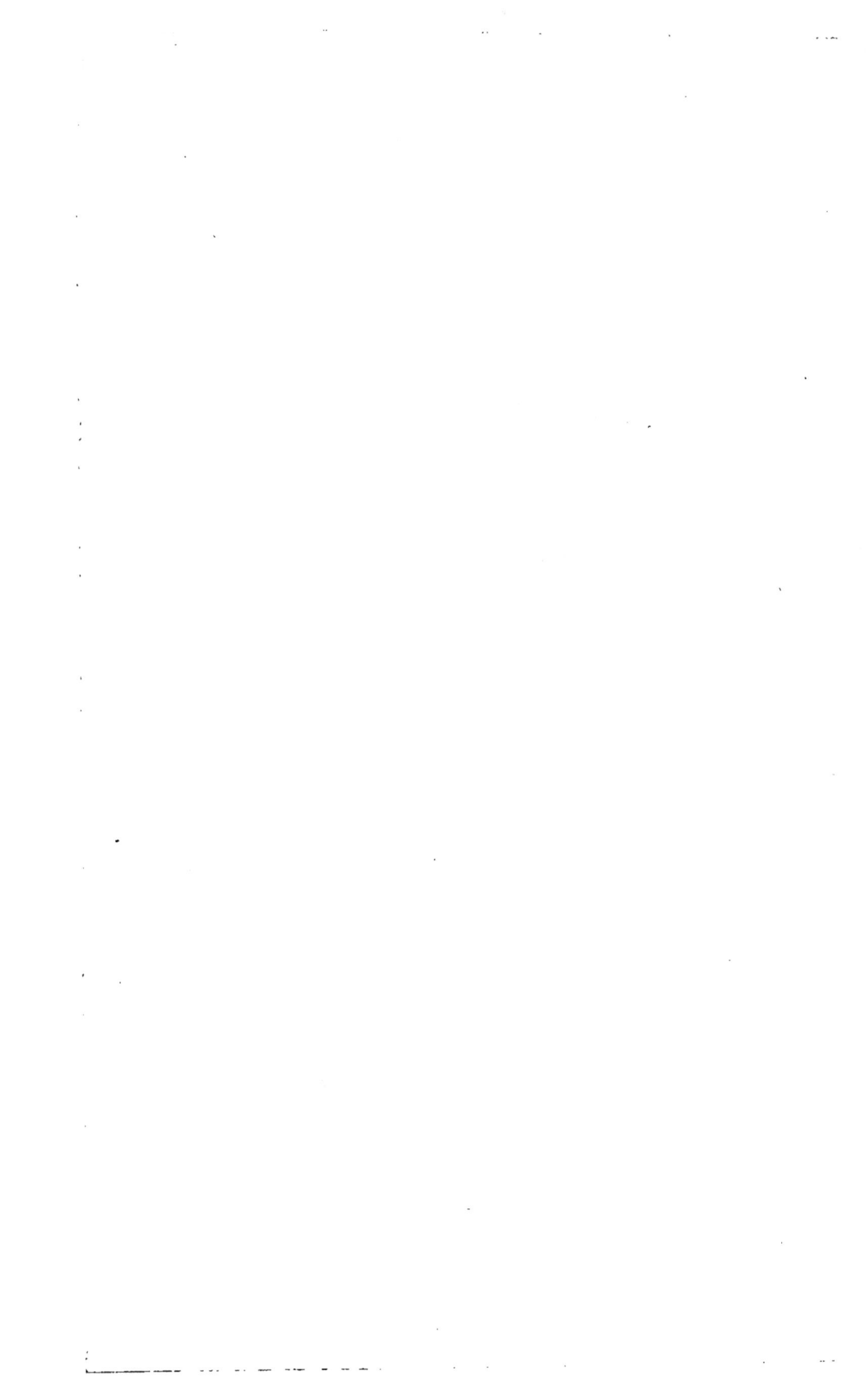

ALFRED-MAME ET FILS, IMPRIMEURS-ÉDITEURS, A TOURS

OUVRAGES ILLUSTRÉS

DE

SCIENCE VULGARISÉE

SPLENDIDES VOLUMES FORMAT GRAND IN-8°

PRIX DE CHAQUE VOLUME :

Broché, couverture imprimée. . . . . 8 »
Percaline gaufrée, riche écusson, tranche dorée. . . . 12 »
Demi-reliure en chagrin, tranche dorée. . . . . . . 12 »

L'AIR

ET

LE MONDE AÉRIEN

PAR ARTHUR MANGIN

Deux cents sujets gravés sur bois d'après les dessins
de MM. Désandré et Yan'Dargent, etc.

Que d'idées, que de désirs curieux éveille dans l'esprit ce titre si heureusement choisi : *l'Air et le Monde aérien !* Eh bien, il n'est pas une de
ces idées qui ne soit élucidée, pas un de ces désirs qui ne soit satisfait. Le
cadre est vaste et bien rempli. Nous ne connaissons pas d'œuvre plus
agréable aux yeux, plus intéressante, plus instructive et plus saine d'esprit.

LE DÉSERT

ET

LE MONDE SAUVAGE

PAR ARTHUR MANGIN

Cent soixante sujets gravés sur bois d'après les dessins
de Yan'Dargent, Foulquier et W. Freeman.

Si nous avons tous pu observer une partie des phénomènes dont l'air et
la mer sont le théâtre, combien en est-il parmi nous qui aient pénétré dans
le désert ou qui aient affronté le monde sauvage ? Et pourtant ce sont là
des régions qui ont aussi leurs beautés, leur faune et leur flore, et leurs
populations sur lesquelles la civilisation n'a point jeté son filet ; en un mot,
c'est cet inconnu, source féconde d'intérêt ; de surprises et d'émotions.

LES

MYSTÈRES DE L'OCÉAN

PAR ARTHUR MANGIN

Cent soixante-trois bois dans le texte, et seize bois hors texte,
dessins de W. Freeman et de Jules Noël.

Les Mystères de l'Océan exploitent une des mines les plus fécondes de
la science vulgarisée. Plusieurs éditions de ce livre attestent son mérite réel
et l'attrait qu'il offre à ses lecteurs.

VOYAGES

ET

DÉCOUVERTES OUTRE-MER

AU XIXᵉ SIÈCLE

PAR ARTHUR MANGIN

Illustrations par Durand-Brager, vingt-quatre belles gravures.

Ce livre, qui résume tous les voyages maritimes entrepris depuis le commencement du siècle, et les découvertes récentes dont s'est enrichie la
science géographique, nous promène d'un pôle à l'autre à travers cette
diversité de climats, de peuples et d'usages si curieuse à observer.

COLLECTION DE BEAUX VOLUMES IN-8°

ILLUSTRÉS

PAR FOULQUIER, YAN'DARGENT, GERLIER, FREEMAN, LANCELOT

PRIX DE CHAQUE VOLUME :

Broché, couverture imprimée. 2 50
Percaline gaufrée, tranche jaspée. 3 10
Percaline gaufrée, tranche dorée. 3 50
Demi-reliure en chagrin, tranche dorée . . . . . . 5 »

LES ANIMAUX A MÉTAMORPHOSES, par Victor Meunier.

GÉOLOGIE CONTEMPORAINE, par l'abbé C. Chevalier.

ARCHÉOLOGIE CHRÉTIENNE, par l'abbé Bourassé.

L'ESPRIT DES OISEAUX, par S. Henry Berthoud.

LA SCIENCE ET LES SAVANTS AU XVI° SIÈCLE, par Cap.

SERVITEURS ET COMMENSAUX DE L'HOMME, par Saint-Germain Leduc.

BOTANIQUE ET PHYSIOLOGIE VÉGÉTALE, par Jéhan.

TABLEAU DE LA CRÉATION, ou Dieu manifesté par ses œuvres; par Jéhan, 2 volumes.

ENTRETIENS SUR LA CHIMIE et sur ses applications les plus curieuses; orné d'un portrait, par Ducoin-Girardin.

ENTRETIENS SUR LA PHYSIQUE, et sur ses applications les plus curieuses; orné d'un portrait, par Ducoin-Girardin.

UNE FERME MODÈLE, ou l'Agriculture mise à la portée de tout le monde; 2 gravures sur acier et 50 sur bois, par M. de Chavannes de la Giraudière.

LEÇONS D'ASTRONOMIE, orné de nombreuses vignettes sur bois et d'une sphère céleste, par Desdouits.

NOUVELLES PUBLICATIONS

PRIX DE CHAQUE VOLUME :

Broché 2 50
Percaline gaufrée, riche écusson, tranche dorée . . . 3 50
Demi-reliure, dos en chagrin, tranche dorée. . . . . 5 »

LES ANIMAUX D'AUTREFOIS

PAR VICTOR MEUNIER

Cette zoologie antédiluvienne, que la science moderne nous a révélée, est un sujet d'étude aussi amusant qu'instructif, auquel les descriptions du savant auteur et le travail de l'artiste ajoutent un nouveau charme.

LES CHASSES DANS L'AMÉRIQUE DU NORD

PAR BÉNÉDICT-HENRI RÉVOIL

Ces récits ne ressemblent en rien aux aventures assez vulgaires de nos chasseurs européens. Les luttes, les périls, les difficultés de tout genre qui s'y rencontrent répandent sur le sujet une teinte des plus dramatiques.

L'ESPRIT DES PLANTES

SILHOUETTES VÉGÉTALES

PAR ED. GRIMARD

L'auteur, qui a fait une étude approfondie du règne végétal, ainsi que l'attestent ses travaux antérieurs, a dépeint dans ce nouveau livre, sous les formes les plus piquantes, ce qu'il appelle l'esprit des plantes, c'est-à-dire leurs habitudes, leurs tendances, nous pourrions presque dire leurs instincts.

LES POISONS

PAR ARTHUR MANGIN

Voilà un titre qui annonce de sérieuses révélations. Et en effet, M. Mangin, outre la description qu'il nous donne des substances vénéneuses, rappelle dans une partie historique les cas d'empoisonnement les plus célèbres de l'antiquité, des temps modernes et de l'époque contemporaine.

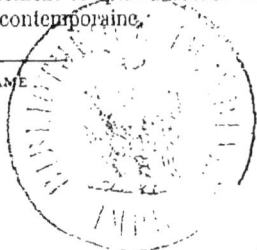

TOURS — IMPRIMERIE MAME

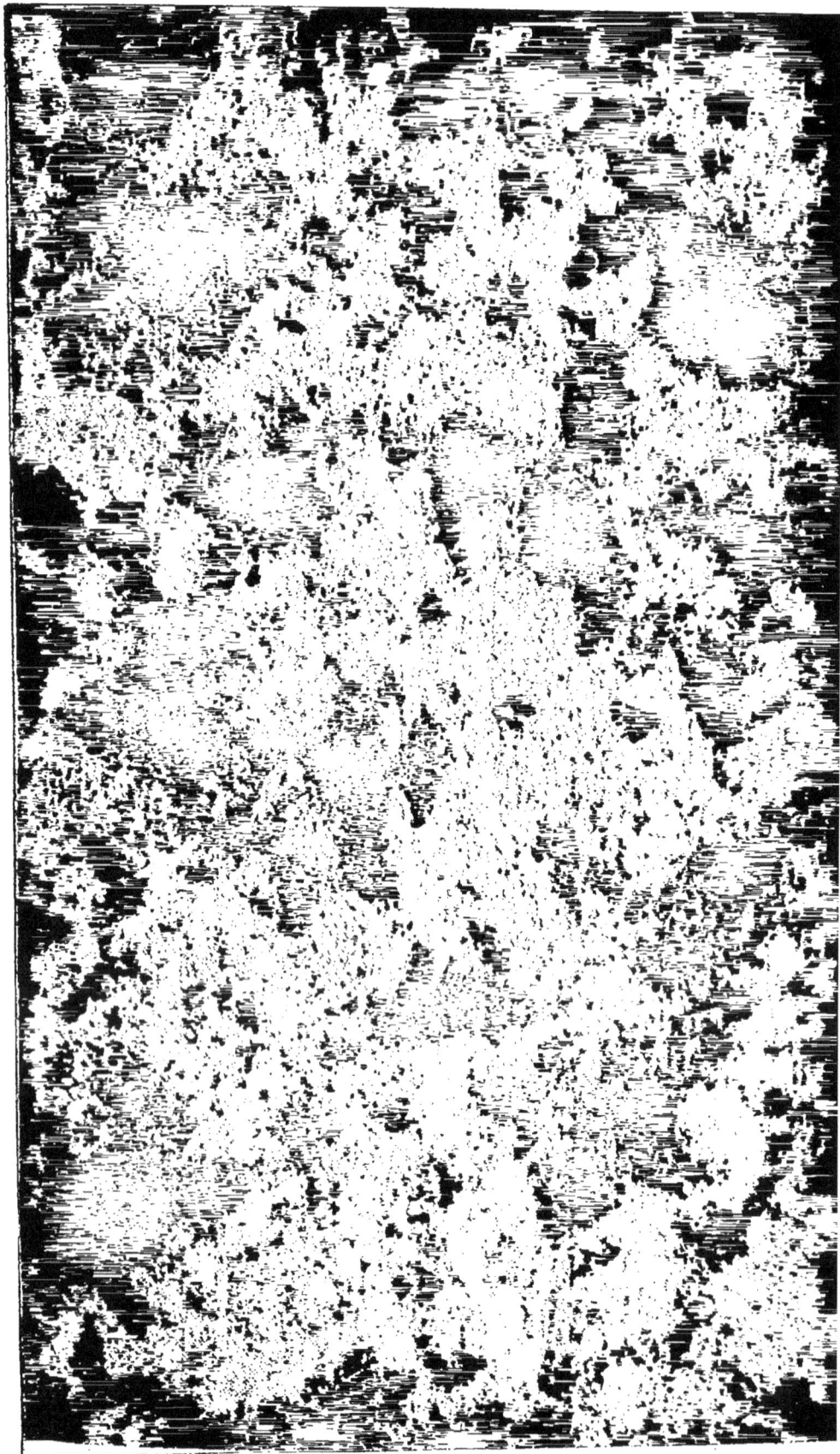

www.ingramcontent.com/pod-product-compliance
Lightning Source LLC
Chambersburg PA
CBHW070756290326
41931CB00011BA/2033